신뢰, 우리 삶의 소중한 가치

Vertrauen schenken, Vertrauen stärken.
Was unserem Leben Halt und Richtung gibt
by Anselm Grün edited by Rudolf Walter
© 2019 Verlag Herder GmbH, Freiburg im Breisgau
All rights reserved.

Korean Translation Copyright © 2023 Living with Scripture Publishers, Seoul, Korea.

이 책의 한국어판 저작권은 Verlag Herder GmbH와 독점 계약한
'성서와함께'에 있습니다.
저작권법의 보호를 받는 저작물이므로 무단 전재와 복제를 금합니다.

신뢰, 우리 삶의 소중한 가치

안셀름 그륀 지음 · 황미하 옮김

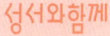

머리말

사회학자들은 지난 세기를 '두려움의 세기'라고 일컬었습니다. 두려움은 우리의 삶과 일상도 덮칩니다. 우리는 기후 위기 및 자연재해에 대한 두려움, 점점 심화되는 사회 양극화에 대한 두려움, 노년의 빈곤·질병·외로움에 대한 두려움, 혹은 인생 계획이 물거품이 될지도 모른다는 두려움을 느낍니다. 또한 하루가 다르게 획획 변하는 세상의 요구들에 기민하게 대처하지 못할까 봐 두렵기도 합니다. 두려움은 위험에 주의를 기울이게 하고 우리 내면의 힘을 움직여 자신을 보호하는 일종의 경보 시스템처럼 작용할 수 있습니다. 반면에 두려움은 우리를 위축시키고, 지배하며, 자신 안에 점점 더 가두기도 합니다. 이런 두려움이 생기면 삶의 토대는 무너지고 안정감과 방향을 잃게 됩니다.

어떻게 해야 우리가 두려움 중에도 신뢰를 배울 수 있는지 심리학이 중요한 방법들을 제시했습니다. 심리학은 두려움의 원인이 무엇인지 묻고, 개인의 삶에서 두려움을 유발하는 것들에 관심을 기울입니다. 행동심리학은 우리가 주변 현상을 부적절하게 해석하는 것을 두려움의 원인으로 보고, 이러한 해석에 의문을 제기하며 적절한 해석을 내놓기 위해 연구하고 있습니다.

영적 전통도 두려움에 관한 체험들을 모아들였습니다. 성경은 다른 방식으로 두려움에 대응하는 방법들을 우리에게 제시합니다. 두려움이 엄습할 때 이 감정을 억누르는 것은 올바른 해결책이 아닙니다. 우리가 두려움에 맞서 싸우면 싸울수록 이 감정은 우리에게 더 바싹 붙어 따라다닐 테니까요. 두려움에 대처하는 영적 방법은 이 두려움과 대화하는 것입니다. "두려움은 내게 무엇을 말해주려는 걸까? 무엇이 나를 두렵게 하는가? 어째서 두려운 마음이 드는 것일까? 두려움은 내 삶이 어긋난 방향으로 나아갔다는 것을 지적하는 신호일까? 또는 내가 과도한 잣대를 들이댔거나 나의 현실에 부합하지 않는 허황된 자아상을 지녔음을 알려주는 것일까?"

두려움은 삶의 스승이 될 수 있습니다. 두려움은 나 자신과 더 다정하게 교류하도록, 나에 대한 지나친 기대로 끊임없이 내게 과도한 요구를 하지 않도록 나를 격려해 주고자 합니다. 성경 주석가들이 계산한 바에 따르면, 성경에는 "두려워하지 마라"라는 말씀이 365번 나옵니다. 이런 측면에서 볼 때 성경은 두려움을 극복하게 하는 책, 두려움 중에도 삶을 신뢰하고 우리를 잡아주시는 하느님을 신뢰하도록 자극을 주는 책입니다.

인간의 탄생과 함께 두려움은 존재했습니다. 현대 철학자 마르틴 하이데거Martin Heidegger는 널리 알려진 저서 《존재와 시간》(1927)에서 두려움을 인간이 처한 기본적 심리 상태라고 표현했습니다. 두려움은, 인간은 이 세상에서 집과 같은 편안함을 느낄 수 없다는 것을 알려줍니다. 두려움은 인간 실존의 본질이 무엇인지 깨닫도록 우리를 몰아댑니다. 이러한 분석을 진지하게 받아들인 어느 신학자는 두려움을 하나의 초대로, 내 삶의 토대를 결국 하느님 안에 두라는 초대로 봅니다. 이렇게 이해할 때, 두려움은 나라는 존재를 본디 무엇에 근거해서 규정해야 하는지 묻게 합니다. "나의 존재를 사람들과 그들의 기대치와 그들의 생각에 근거해서 규정해야 하는가? 아니면 결국 하느님께 근거를 두고 나를 규정해야 하는가?" 두려움은 하느님에 대한 믿음과 반대되는 것이 아닙니다. 제 경우를 말하면, 두려움은 저를 늘 하느님께로 향하도록 촉구합니다. 저는 사람들의 인정이 아닌, 하느님 안에서 저의 근원을 찾습니다.

어빈 얄롬Irvin D. Yalom이 발전시킨 분야인 실존적 심리치료는 지그문트 프로이트Sigmund Freud 같은 심리학자가 내놓은 고전적 심리 분석을 비난합니다. 고전적 심리 분석은 죽음에 대한 두려움을 몰아낸다는 것입니다. 그러면서 죽음에 대한 두려움에 맞서고 그것을 내 삶에 통합할 때, 삶을 주도할 수 있다고 얄롬은 말합니다. 대부분의 마음의 병은 결국 죽음에 대한 두려움을 피하려고 몸부림친 데에서 비롯된 것입니다.

철학과 심리학, 신학은 다음과 같은 점에서 견해가 일치합니다. 우리는 두려움을 배경으로 해야만 신뢰에 관해 말할 수 있다는 것입니다. 신뢰는 두려움의 반대이자 우리를 덮치는 두려움의 치료제이기 때문입니다. 신뢰가 두려움을 없앨 수는 없지만 두려움의 힘을 잃게 할 수는 있습니다.

4세기의 사막 교부들은 마음속에 자리하고 있는 두려움을 진지하게 여겼습니다. 그러나 두려움 중에도 그들은 시편 118편에 나오는 말씀을 되뇌면서 두려움을 상대화했습니다. "주님께서 나를 위하시니 나는 두렵지 않네. 사람이 나에게 무엇을 할 수 있으랴?"(시편 118,6). 곧 이 말씀을 되새기면서 두려움을 단순히 몰아내려 하지 않았습니다. 그들은 인간이 언제나 두 개의 양극, 그러니까 두려움의 극과 신뢰의 극을 지니고 있다는 인식에서 출발했습니다. 1600년 뒤에 융C. G. Jung은 이를 심리학적 언어로 기술했습니다. 누구나 자신 안에서 두 개의 양극을 감지합니다. 내가 두려움에 맞서 싸우면, 이 두려움의 세력은 더 세질 뿐입니다. 고대 수도승들은 자신의 두려움 속으로 들어가 신뢰의 말씀을 되뇌었습니다. 그리하여 두려움 중에도 신뢰와 교류할 수 있었습니다. 신뢰는 이미 그들 영혼 깊은 곳에 있었지만, 그들은 종종 이 신뢰와 단절되었다고 느꼈던 것입니다. 따라서 중요한 것은 두려움을 느낄 때에도 우리 영혼 깊은 곳에 있는 신뢰를 발견하는 것입니다. 시편 118편의 말씀은 우리 안에서 신뢰를 불러일으킵니다. 그러므로 신뢰는 영혼 깊은 곳에서 우리의 의식 위로 올라올 수 있습니다. 그렇게 되면 두려움은 우리 안에서 상대화되고 신뢰는 점차 커지면서 그 힘이 조금씩 더 세질 것입니다.

신뢰에 관해서는 여러 측면에서 기술해 볼 수 있습니다. 자기 신뢰, 다른 사람에 대한 신뢰, 그리고 하느님에 대한 신뢰라는 측면입니다. 이 세 가지 유형의 신뢰는 긴밀히 연결되어 있습니다. 자기 자신을 신뢰해야 다른 사람을 신뢰할 수 있습니다. 그리고 자신의 본모습을 두려워하지 않는 사람만이 다른 사람들에게 신뢰를 둘 수 있습니다. 다른 사람에 대한 신뢰는 자신을 두려워하지 않는 것에 좌우됩니다. 그런데 다른 사람들에게 다가가기를 힘들어하는 이들이 많습니다. 다른 사람들이 자기에게 가까이 올수록 자신의 약한 면이 더 뚜렷이 드러날까 두렵기 때문입니다. 그들은 이 약한 면을 감추기를 원합니다. 한편으로는 친근함과 신뢰를 간절히 바라지만, 다른 한편으로는 다른 사람들이 자기에게 더 다가오는 것을 피합니다. 남들에게 감추고 싶고, 떨쳐버리려고 애썼던 약한 면들을 그들이 발견할지도 모르기 때문입니다. 자기 자신을 신뢰한다는 것은 내가 자부심에 가득 차 사람들 앞에 선다는 뜻이 아닙니다. 너무 강하게 표현된 자기 신뢰는 때로 불확실함을 드러내는 것입니다. 자기 자신을 신뢰하는 사람은 남들 앞에서 자기를 끊임없이 표현하지 않습니다. 자기 신뢰는 주변 사람들에게 인정받는 것에 달려 있지 않습니다. 자신을 신뢰하는 사람은 다른 사람들 앞에서 자기를 늘 증명해야 한다는 압박에서 벗어나 자유롭습니다.

자기 신뢰와 다른 사람에 대한 신뢰는 더 심오한 근원이시자 우리를 받쳐주시는 하느님에 대한 신뢰에 토대를 두고 있습니다. 내가 하느님에 의해서 든든하게 받쳐지고 받아들여진다는 것을 알 때, 나 자신을 받아들일 수 있고 나를 도울 수 있습니다. 이렇게 내가 나를 도울 때, 내 편에 설 때, 자기 신뢰가 모습을 드러냅니다. 나의 근원을 하느님 안에 둘 때, 또는 (바오로 사도가 말하듯이) 내가 믿음 안에 굳게 서 있을 때, 나 자신도 도울 수 있습니다. 자신을 도울 수 있는 사람은 남들 앞에서도 자기 자신 편에 설 수 있습니다. 그는 다른 사람들에게 인정받으려고 끊임없이 가면을 쓰지 않습니다. 그는 나무처럼 굳건히 서 있습니다. 단순히 그렇게 서 있습니다.

물론 나에게 스스로를 신뢰하라고 간단히 명령할 수는 없습니다. 단순히 나의 의지만으로 신뢰하기로 결정할 수도 없습니다. 다만 나는 두려움 속에서도 하느님께 희망을 둘 수 있습니다. 내가 삶의 위기를 겪더라도, 하느님은 나와 함께하십니다. 그리고 세상의 미래가 점점 더 어두워지더라도 하느님은 우리를 돌보시고 우리와 함께하시며, (외적 상황이 더 힘들어질지라도) 나는 무너지지 않으리라는 것을 신뢰할 수 있습니다. 그러므로 자신이나 세상의 미래가 불확실하여 두렵고 불안하다면, 이는 신뢰가 이것들을 이

겨내게 함을 깨닫는 동시에 신뢰의 더 심오한 근원을 발견하라는 하나의 도전입니다.

독자 여러분, 각자가 겪는 두려움과 불안을 마주할 용기를 내시기 바랍니다. 동시에 하느님께서 우리 영혼 깊은 곳에 심어놓으신 신뢰도 자신 안에서 감지하시기 바랍니다. 또한 우리를 항상 그리고 어디서나 동반하시는 하느님에 대한 신뢰가 우리를 내적으로 받쳐주고, 우리 삶의 방향을 제시해 주기를 기도합니다. 나아가 이 신뢰로 두려움과 불안의 세력이 약해져, 결국엔 그것들을 극복해 내시기를 기원합니다.

―――― 차례

머리말 ·4

1장 ―― 삶을 신뢰하기 ·20

아브라함, 신뢰를 품고 길을 떠나다 ·21
모세, 나약했지만 용기를 내다 ·24
마리아, 모든 것이 불확실한 가운데서도 신뢰하다 ·26
요셉, 새로운 것이 삶 속으로 들어오면 ·30
베드로, 어떻게 해야 신뢰가 자랄 수 있는가 ·35
바오로, 어떠한 경우에도 깊이 신뢰하다 ·39

2장 ―― 자기 신뢰 배우기 ·41

어린 시절 이야기 ·42
"바로 나다" ·44
당신의 약한 면을 받아들여라 ·47
당신의 강점을 발견하라 ·49
자기 자신 편에 서라 ·53
당신 안에서 말씀하시는 영을 신뢰하라 ·55
있는 그대로 존재하라 ·59

3장 — 다른 사람들 신뢰하기 · 64

어떻게 해야 신뢰가 자랄까? · 65
삶 배우기 · 69
일어서게 하는 힘 · 72
손을 잡고서 · 75
아이들에게 필요한 지도와 신뢰 · 78
아버지가 되기, 어머니가 되기 · 82
신뢰가 깨지면 · 84
다른 사람들에게 마음 열기 · 87
다른 사람들과 연대하기 · 90
친구들은 고향과 같다 · 93
관계 유지하기 · 95
신뢰의 가치에 관하여 · 99
우리는 혼자가 아니다 · 102
치유의 천사를 신뢰하라 · 107
희망의 증인들 · 111

| 4장 | 깊이 신뢰하며 살기 | · 113 |

두려움이냐 신뢰냐? · 114
누가 문을 여는가? · 117
완전히 무너졌음에도 불구하고 · 119
온갖 곤경 중에도 · 122
두려워하지 마라 · 125
우리에게 신뢰를 선사하는 것 · 126
우리 안에 감춰져 있는 것 · 131
위험이 자라는 곳에 · 135
희망을 위해 결정 내리기 · 140
살아 있을 때와 죽을 때 · 142
두려움을 기도 안으로 가져가기 · 148
내려놓아라 · 153
덫 · 155
걱정하지 마라 · 157

5장	사랑은 굳건한 토대다	· 159

사랑은 고향입니다 · 160
사랑은 신뢰입니다 · 162
사랑의 정점 · 167
지금 이 순간에 오롯이 머물기 · 170
하느님의 친밀함 속에서 · 172
우주의 아멘 · 175
사랑에는 한도가 없다 · 177
어떻게 사랑해야 하는가 · 178
사랑은 죄보다 강하다 · 180
외투에 감싸인 것처럼 · 183

6장 ─── **하느님은 모든 이를 받쳐주신다**	· 185

모든 것은 갈망 속에 있다	· 186
마음을 굳세게	· 189
놀랍게도 선한 힘에 감싸여	· 192
"용기를 내어라. 나다"	· 195
하느님으로부터 출발하기	· 204
가까이 계시는 하느님을 신뢰하라	· 206
내면 깊은 곳은 상처받지 않는다	· 210
신뢰, 우리 영혼과 평화 이루기	· 214
우리는 하느님의 사랑 안에 있다	· 217
두려움에서 벗어나기	· 221
근심을 주님께 맡겨라	· 224
우리가 탄식할 때 무엇이 도와주랴?	· 226
참새들이 지저귀게 하라	· 228
두려움의 하느님은 없다	· 230

| 7장 | 영혼의 집에서 평화 느끼기 | · 236 |

고요를 찾아라 · 237
의식은 우리를 보호해 준다 · 242
자아를 내려놓아라 · 244
감사하라 · 249

참고 문헌 · 251
옮긴이의 말 · 253

1장

삶을
신뢰하기

아브라함,
신뢰를 품고 길을 떠나다

아브라함은 하느님에 대한 신뢰의 본보기입니다. 그는 자신이 깊이 신뢰하는 하느님의 말씀을 듣고 길을 떠납니다. 아브라함은 지금까지 하느님께서 자신을 보호하고 지탱해 주셨음을 알았습니다. 그러므로 그에게 신뢰는 뒤를 향하는 것이 아니라, 미래를 향해 자신을 개방하는 것입니다. 아브라함은 정든 고향을 떠나는 것을 슬퍼하지 않습니다. 그는 새로운 고향을 찾아 길을 떠납니다. 히브리서는 아브라함의 신뢰를 신앙의 본보기로 기렸습니다. "그는 어디로 가는지도 모르고 떠난 것입니다"(히브 11,8). 그리고 아브라함과 그에게 속한 이들이 찾던 고향에 대해 이렇게 말합니다. "만일 그들이 떠나온 곳을 생각하고 있었다면, 돌아갈 기회가 있었을 것입니다. 그러나 실상 그들은 더 나은 곳, 바로 하늘 본향을 갈망하고 있었습니다"(히브 11,15-16).

성경에서 믿음과 신뢰는 긴밀한 관계를 이룹니다. 하느님을 신뢰하는 사람은 지금까지 자기가 붙들고 있었던 것을 내려놓고, 소유한 것도 놓아버릴 준비가 되어 있습니다. 그리고 고향을 떠날 준비도 되어 있습니다. 내적 고향을 찾기 위해서입니다. 물론 성경은 아브라함에 대해 이상적인 모습만 그리지 않습니다. 그는 하느님이 가리키신 곳을 향해 가는 여정에서 거듭 의혹을 품습니다. 이집트에 머물 때에는 파라오가 자기를 죽일지도 모른다는 두려움이 그를 엄습했습니다. 그에게는 아름다운 아내가 있었으니까요. 그래서 파라오에게 아내를 누이라고 거짓으로 소개했습니다. 우리가 하느님께로 가는 여정 중에 언제나 의혹도 따를 겁니다. 우리는 길을 떠나지만 곧 다시 안전장치를 만들기를 원합니다. 우리는 우리를 불러주신 하느님을 신뢰하지만, 완전히 신뢰하지는 않습니다. 우리는 예방책을 강구합니다. 뜻하지 않은 일을 당할까 대비하는 것입니다.

신뢰한다는 것은 우리가 늘 신뢰했던 익숙한 것들을 내려놓고 새로운 것에 뛰어드는 것을 의미합니다. 우리가 신뢰했던 것은 신뢰를 만들어냅니다. 그러나 우리는 그것을 꽉 붙들고 놓지 않으려 할 수도 있습니다. 하느님께서 우리 내면에 일으켜 주시는 신뢰는 우리에게 익숙한 고향이 지금까지 선사했던 것을 내려놓는 데 도움이 됩니다. 신뢰는 새로운 것에 도전하도록 우리를 북돋아 줍니다.

우리는 하느님 안에 토대를 두고 있습니다. 그러기에 우리를 지탱해 주는 것들을 내려놓을 수 있습니다. 과거의 습관들, 소유물, 안정감과 편안함을 주는 집, 고향에서 맺은 인간관계 등 많은 것을 내려놓을 수 있습니다. 신뢰는 자신이 삶을 주도하기 위해, 그리고 하느님을 신뢰하며 삶을 만들어가기 위해 꼭 필요한 요소입니다.

모세,
나약했지만 용기를 내다

하느님께서 모세를 부르시어 위대한 일을 맡기십니다. 그렇지만 그는 자신을 믿지 못합니다. 모세는 자기 민족 앞에 서서 "나는 하느님의 소명을 받았소. 그래서 여러분을 이집트에서 이끌어내어 약속의 땅으로 인도할 것이오" 하고 말할 자신이 없다고 여겼습니다. 그러자 하느님께서는 지팡이를 변하게 하시면서 그의 마음을 돌리려고 애쓰십니다. 먼저 그의 손에 있는 지팡이를 땅에 던지라고 하십니다. 모세가 그렇게 하자, 지팡이가 뱀이 됩니다. 이어서 하느님께서는 그의 손을 품에 넣어보라고 이르십니다. 모세가 그렇게 하고 나자, 그 손은 나병에 걸려 하얗게 됩니다. 그렇지만 이 두 가지 표징으로도 그의 마음은 좀처럼 움직이지 않습니다. '자기는 입도 무디고 혀도 무디다'라며 하느님의 뜻을 따를 수 없는 구실을 댑니다. 이에 하느님께서는 화를 내셨지만, 이내 모세에게 그의 형 아론에 대해 말씀하십니다. 아론이 언제나 그와 함께 있을 것이고, 그를 대신하여 백성에게 이야기할 것이라고 말이지요.

   그리하여 모세는 위대하고 강인한 지도자가 됩니다. 그가 지닌 내면의 힘은 발휘되어야 합니다. 파라오의 공격에 맞서, 이스라엘 백성의 끊임없이 불평하는 소리에 맞서 쓰여야 합니다. 이 힘이 처음부터 모세 안에 있었던 것은 아닙니다. 하느님께서 먼저 그를 북돋으시어 힘이 생기게 하셨습니다. 이 말은 우리에게도 적용됩니다. 하느님께서 우리에게 맡기시는 일들을 전부 할 수는 없겠지만, 그분은 우리에게 필요한 능력을 주실 것입니다. 그리하여 우리는 영혼을 톡톡 건드리고 고무하는 이끌림을 통해, 하느님께서 어떤 사명을 맡겨주셨음을 깨닫고 또 그 일을 수행할 수 있습니다. 우리가 필요로 하는 모든 것을 우리 힘으로 할 수는 없습니다. 그러나 우리에게 맡겨진 일에 투신하는 순간에 그 일을 수행하기 위해 필요한 힘도 우리 안에서 감지하게 될 것입니다.

마리아,
모든 것이 불확실한 가운데서도 신뢰하다

두려움과 신뢰는 특별한 방식으로 연관되어 있음을 신약 성경의 많은 이야기가 전해줍니다. 루카는 예수님의 유년 시절 이야기에서 마리아의 신뢰와 믿음에 특별한 가치를 둡니다. 마리아는 신뢰하고 믿는 사람의 본보기가 됩니다. 즈카르야가 천사를 보고 놀라 두려움에 사로잡힌 반면, 마리아는 신뢰심을 품고 천사와 만납니다. 천사가 나타나 인사를 건네자, 마리아 역시 놀랍니다. 그러나 두려워하기보다, 이 인사말이 무슨 뜻인가 하고 곰곰이 생각합니다. 즈카르야는 천사가 전해준 새로운 약속 앞에 합리성을 따지며 의혹과 두려움에 사로잡히지만, 마리아는 평정심을 유지하면서 깊이 생각합니다. 그리스어 '디엘로기체토*dielogizeto*'는 '말이 자신 안에서 움직이게 하다, 숙고하다, 이성적으로 생각하다'를 의미합니다. 그렇게 곰곰이 생각하는 마리아에게 천사가 신뢰를 줍니다. "두려워하지 마라, 마리아야. 너는 하느님의 총애를 받았다. 보라, 이제 네가 잉태하여 아들을 낳을 터이니 그 이름을 예수라 하여라"(루카 1,30-31).

하느님께서 자기를 신뢰하신다는, 이 근본적인 새로움이 자신에게 무엇을 의미하는지 예측할 수 없더라도, 마리아는 그것을 받아들일 준비를 하며 응답합니다. "말씀하신대로 저에게 이루어지기를 바랍니다"(1,38). 마리아는 이렇게 응답하면서 용기를 드러내 보입니다. 그리고 하느님께서 초대하시는 모험에 기꺼이 응합니다.

신뢰는 복음서에서 중요한 역할을 합니다. 루카는 마리아를 신뢰의 본보기로 묘사합니다. 예수님도 우리에게 신뢰를 선사하십니다. 마리아는 신뢰하는 여성으로서 우리에게 드러납니다. 우리는 마리아에게서 무엇을 배울 수 있을까요? 우리가 두려움에 가득 차 있다면, 마리아의 신뢰 역시 우리에게 별반 도움이 되지 않을 겁니다. 마리아처럼 신뢰하지 못하기에 죄책감마저 들지 모릅니다. 루카는 그 놀라운 사건에서 마리아가 보인 반응을 묵상하도록 우리를 초대합니다. 마리아의 신뢰를 응시하는 가운데 그 신뢰가 우리 안에 스며들 수 있습니다. 마리아의 신뢰가 그렇게 우리 안에서 점차 깊어집니다. 그런 가운데 갑자기 우리도 마리아처럼 신뢰할 수 있게 됩니다. 즈카르야처럼 새로운 것이 두려워 벙어리가 되지 않습니다. 우리는 마리아처럼 우리의 감정을 말할 용기를 낼 수 있습니다. 그리고 우리를 기다리고 있는, 말로 표현할 수 없는 그 무엇에 뛰어들 용기도 낼 수 있습니다.

새로운 것에 대한 두려움에도 불구하고 "예Fiat"라고 응답한 마리아는 신앙인의 모델이 되었습니다. 생명의 탄생과 함께 오는 새로운 것과, 죽음의 때에 우리가 맞을 새로운 것에도, 우리는 오직 마리아와 함께 "예, 주님!" 하고 응답할 수 있습니다. 우리에게 무슨 일이 닥칠지 확신할 수 없습니다. 마리아도 확신하지 못했지만, 이 새로운 일이 자신에게 고통도 가져오리라는 것을 즉각 알아챘습니다. 아기 예수님이 태어난 뒤에 연로한 시메온이 마리아에게 말합니다. "그리하여 당신의 영혼이 칼에 꿰찔리는 가운데, 많은 사람의 마음속 생각이 드러날 것입니다"(루카 2,35). 새로운 것은 우리 마음을 관통하는 칼, 우리를 다치게 하고 옛것과 새것을 가르는 칼과 같습니다. 새것은 옛것을 변화시킬 수 있습니다. 그러나 때로는 옛것을 가로막을 것입니다. 새것은 옛것을 방해할 테니까요. 이때 우리에게는 마리아에게 그랬듯이 신뢰를 주는 천사가 필요합니다. 그리고 신뢰의 본보기인 마리아가 필요합니다. 그리스도교 영성사를 보면, 많은 사람이 마리아를 바라보면서 신뢰를 얻었습니다. 그들은 불확실성에 대한 두려움 중에도 나자렛 출신의 이 젊은 여성이 한 말을 되뇌었습니다. "말씀하신 대로 저에게 이루어지기를 바랍니다."

요셉,
새로운 것이 삶 속으로 들어오면

마태오와 루카는 예수님의 탄생 및 유년 시절 이야기로 복음서를 시작합니다. 그렇지만 두 복음사가는 아기의 두려움보다는 어른들의 두려움, 그러니까 어른들의 삶 속에 아기의 형상으로 들어온 새로운 것에 대한 두려움을 기술합니다. 마태오는 새로운 것의 등장에 대한 반응을 다음과 같이 세 가지로 묘사합니다.

요셉은 자신과 약혼한 마리아가 잉태한 사실을 알고 혼란스러웠습니다. 그러나 그 어떤 법적 조치를 취하지 않고 남몰래 파혼하려 했습니다. 당시에는 혼인 전에 여자가 임신을 하면, 돌을 던져 죽이는 것이 관례였습니다. 요셉은 율법을 글자 그대로 따르지 않고 마리아를 보호해 주고자 했습니다. 그가 그렇게 생각하고 있을 때, 꿈에 주님의 천사가 나타나 말합니다. "다윗의 자손 요셉아, 두려워하지 말고 마리아를 아내로 맞아들여라. 그 몸에 잉태된 아기는 성령으로 말미암은 것이다"(마태 1,20). 마리아와 배 속 아기가 함께 요셉의 삶 속으로 들어옵니다. 이는 실제로 새로운 것, 예기치 않은 것입니다. 지금까지 그는 항상 옳은 일을 행했습니다. 자신의 삶에 성실했으며 하느님의 계명에 따라 살았습니다. 이 같은 삶은 그에게 확신을 주었고, 행복한 삶을 살리라는 신뢰도 선사했습니다. 이제 하느님께서 그의 옆에서 활동하십니다. 그가 해명할 수 없는 방식으로 말이지요. 따라서 그에게는 두려워하지 말고 새로운 것을 감행하라는 천사의 격려가 필요합니다.

새로운 것의 등장에 대한 두 번째 반응은 동방 박사들에게 볼 수 있습니다. 그들은 유다인들의 임금의 탄생을 예고하는 별을 보았습니다. 이 별에 매료된 그들은 유다인들의 임금으로 태어나신 분께 경배하기 위해 길을 떠납니다. 이렇게 그들은 새로운 것을 자신들의 삶과 통합하면서 그것에 대한 두려움을 극복합니다.

세 번째는 헤로데 임금의 반응입니다. 헤로데는 동방 박사들이 유다인들의 임금으로 태어나신 분이라고 표현한 아기를 두려워합니다. "이 말을 듣고 헤로데 임금을 비롯하여 온 예루살렘이 깜짝 놀랐다"(마태 2,3). 힘 있는 자는 자신의 권력을 빼앗기지 않을까 두려워합니다. 헤로데는 나라와 백성을 지배하는 권력을 지녔습니다. 그러나 그의 권력은 그의 내적 굳셈이 아닌 두려움을 표현한 것입니다. 그는 두려움에 휩싸여 모든 경쟁자를 무참히 살해했습니다. 그리고 두려움 속에서 유다인들의 임금으로 태어나신 분을 찾아야 했습니다. 결국 그는 두 살 이하의 사내아이들을 모조리 죽이라고 명령합니다. 헤로데는 두려움에 사로잡혔습니다. 그가 펼치는 정치는 두려움에서 나온 정치입니다. 그래서 가는 곳마다 공포만 일으킵니다. 두려운 나머지, 권력을 붙들고 있는 자들은 권력을 악용합니다. 그리고 다른 사람들을 두렵게 만들면서 권력만 손에 움켜쥐고 있습니다.

요셉은 자신의 세계상世界像에 없던 예기치 않은 새로운 것에 두려움을 느낍니다. 그때 천사가 이 두려움을 극복하도록 도와줍니다. 마태오는 예수님의 유년 시절 이야기 마지막 단락에서 다른 두려움에 관해 기술합니다. 요셉은 "아르켈라오스가 아버지 헤로데를 이어 유다를 다스린다는 말을 듣고, 그곳으로 가기를 두려워하였다"(마태 2,22). 아르켈라오스가 헤로데처럼 잔인하다는 말을 들은 게 틀림없습니다. 그래서 요셉은 헤로데의 다른 아들인 필립보가 다스리는 지역으로 갑니다. 여기에는 외부 환경에 대한 두려움이 드러납니다. 위험한 환경에서는 아기가 안전하게 잘 자랄 수 없을지도 모른다는 두려움이 있는 것입니다. 새로운 것이 성장하려면 보호받는 공간이 필요합니다. 새로운 것이 탄생한 곳의 분위기가 너무 적대적이고 험악하면, 그것은 자랄 수 없습니다. 이것은 우리 모두가 알고 있는 두려움입니다. 우리는 상처받은 내면이 우리를 적대시하는 주변 세계에서 무너질까 두렵습니다. 이러한 두려움은 때때로 우리의 꿈에서 표현됩니다. 새로운 그 무엇이 우리 안에서 모습을 드러냅니다. 우리는 아이에 관한 꿈을 꿉니다. 우리는 하느님께서 우리 안에 새겨놓으신 본래의 순수한 모습과 접촉하기 위해 진실해져야 합니다. 그러나 외부 환경이 우리를 거듭 과거의 역할로 돌아가도록 몰아댈까 두렵습니다. 종종 우리의 꿈에 나오는 장면이 있습니다. 바로 아이를 떨어뜨리거나 잃어버리거나 또는 빼앗기는 장면입니다. 우리는 온전히 우리 자신으로 있고 싶습니다. 그러나 동시에 환경에 적응하지 못하고, 자신의 진정한 모습을 부정할까 두렵습니다. 우리 안에 있는 아이는 마리아의 아기처럼, 요셉이 보살펴야 하는 그 아기처럼 약합니다. 요셉은 갈릴래아 지방으로 옮겨가 아기를 돌봅니다. 그리고 비로소 그곳에서 자기와 아기가 보호받는다고 느낍니다. 심리학적 영역에서 보면, 이 이야기는 다음과 같은 메시지를 전해줍니다. 우리에게는 내면 아이가 성장하고 강해져서 외부 상황으로 인해 더 이상 상처받지 않도록 보호받는 공간이 필요합니다.

베드로,
어떻게 해야 신뢰가 자랄 수 있는가

루카는 예수님의 첫 제자들이 부르심 받은 사건을 보도합니다. 예수님께서 호숫가에 대어놓은 배 두 척을 보시고 그 가운데 시몬의 배에 오르시어 그에게 '깊은 데로 노를 저어 나가서 그물을 내려 고기를 잡으라' 이르셨다고 전합니다. 어부들이 밤새도록 애썼지만 한 마리도 잡지 못했어도, 시몬은 예수님의 말씀을 따랐습니다. 그렇게 하여 매우 많은 물고기를 잡게 되었습니다. 그래서 다른 배에 있는 동료들에게 손짓하여 와서 도와달라고 했는데, 그들이 와서 물고기를 두 배에 가득 채우니 배들이 가라앉을 지경이었습니다. "시몬 베드로가 그것을 보고 예수님의 무릎 앞에 엎드려 말하였다. '주님, 저에게서 떠나주십시오. 저는 죄 많은 사람(죄인)입니다'"(루카 5,8). 베드로는 이분을 두려워합니다. 그는 예수님의 신비를 지각합니다. 동시에 자신의 부족함, 평범함, 약함을 느낍니다. 그래서 자신은 이 거룩한 분 옆에 있을 자격이 없다고 여깁니다. 그렇지만 예수님께서는 이렇게 답하십니다. "두려워하지 마라. 이제부터 너는 사람을 낚을 것이다"(5,10).

베드로는 모순된 반응을 보입니다. 그는 무릎을 꿇고 자신을 낮춥니다. 동시에 예수님께 떠나주십사고 간청합니다. 그는 예수님께 매료되었지만 그분께 끌리는 마음을 진지하게 받아들이지 않을 뿐만 아니라 그분을 따를 용기도 없습니다. 이 예수님 앞에서 베드로는 자기가 얼마나 작고 하찮은 사람인지 고통스럽게 깨닫습니다. 그는 어렸을 때부터 자기는 쓸모없는 사람이라고 여겼을 겁니다. 아마도 늘 자기를 낮추었겠지요. 그러나 예수님이 어떤 분인지 알게 된 후에는 무릎을 꿇고 자신이 죄인임을 고백합니다. 여기서 '죄인'은 베드로가 그동안 지은 모든 죄를 떠올리거나 하느님의 계명을 얼마나 자주 어겼는가 하는 것과 관련된 말이 아닙니다. 자신이 존재하는 목적을 이루지 못한 사람을 가리키는 것입니다. 베드로는 예수님과 비교하여 자신은 살면서 아무것도 한 게 없다고 생각합니다. 그리고 그분 앞의 자신은 작고 하찮은 존재이기 때문에 그분과는 아무것도 함께하고 싶지 않습니다. 그분께 매료되고 그분

옆에 머물고 싶은 갈망이 은밀히 생기더라도 말이지요.

예수님은 베드로의 이러한 두려움을 없애주시는 동시에 그에게 사명을 주십니다. "두려워하지 마라" 하고 말씀하시면서, "이제부터 너는 사람을 낚을 것이다"라고 약속하십니다. 예수님께서는 베드로가 무엇인가를 할 수 있다고 믿으십니다. 그분은 먼저 '자격증'을 요구하지 않으십니다. 그분은 자신이 평범한 사람임을 아는 베드로를 믿으시고, 그를 당신의 제자로 삼으십니다. 예수님의 믿음은 베드로가 그의 두려움을 극복하게 합니다. 우리도 살면서 거듭 다음과 같은 경험을 합니다. 우리를 향한 누군가의 믿음은 우리에게 도움이 됩니다. 그것은 다른 사람들의 기대에 부응하지 못할까 봐 드는 두려움에서 우리를 벗어나게 해줄 수 있습니다. 주어진 과제를 해내지 못할까 두려워하는 이에게는 그를 믿는 사람이 필요합니다. 다른 사람의 믿음은 우리의 두려움을 이겨낼 힘을 줍니다. 우리를 향한 다른 사람의 믿음의 힘으로, 우리도 점차 자기 자신을 믿기 시작합니다. 우리는 자신을 있는 그대로 받아들이려고 애씁니다. 베드로가 사람을 낚을 거라는 예수님의 말씀은 그에 대한 적극적인 믿음의 표현입니다. 우리가 어떤 일을 할 수 있다고 누군가가 믿는다면, 우리는 자기 자신에 대한 평가와 판단을 멈출 것입니다. 우리는 단순히 그 일을 시작할 수 있습니다. 이 과정에서 우리는 자신을 잊습니다. 우리는 그 일에 몰두하고, 그렇게 일하면서 성장합니다.

 그렇지만 그것은 일방적이거나 자동적으로 이루어지지 않습니다. 우리가 자기 자신을 믿지 않는다면, 다른 사람의 믿음은 우리에게 도움이 되지 않습니다. 예수님께서 나를 있는 그대로 부르신다는 사실을 신뢰하는 법을 베드로에게서 배울 수 있습니다. 그분은 평범한 나를, 능력을 지녔지만 약함도 지닌 나를 받아들여 주시고, 내가 당신께 봉사하면서 다른 사람들에게 복이 될 수 있다고 믿으십니다. 그러므로 자신의 부족함에 대한 두려움을 극복하기 위해 다음과 같이 자신에게 거듭 말하는 것도 도움이 될 수 있습니다. "나는 하느님의 축복을 받았다. 나는 다른 사람들에게 복이 된다."

바오로,
어떠한 경우에도 깊이 신뢰하다

"나는 가련하고 불쌍하지만 주님께서 나를 생각해 주시네(돌보시네)"(시편 40,18). 이 시편 말씀은 진부하거나 현실과 동떨어진 경건한 문구가 아니며, 오늘날의 '돌봄 정신'과도 아무 관련이 없습니다. 이 시편 말씀덕에 내가 맞닥뜨린 상황이 달라지는 것도 아닙니다. 그러나 시편 저자는 확신합니다. 내가 나를 돌보는 것이 아니라, 하느님 친히 나를 돌보신다고 말이지요.

전적인 신뢰는 신약성경의 특징이기도 합니다. 이러한 신뢰를 바탕으로 바오로는 필리피 신자들에게 당부합니다. "아무것도 걱정하지 마십시오. 어떠한 경우에도 감사하는 마음으로 기도하고 간구하며 여러분의 소원을 하느님께 아뢰십시오"(필리 4,6). 바오로는 이 서간을 감옥에서 썼습니다. 그는 다시 자유로운 몸이 될지 알지 못했지만 시편 저자의 내적 태도를 알고 있었습니다. 걱정이 가득한 사람은, 지금 직면한 상황을 기도 안에서 하느님 앞으로 가져가야 합니다. 그러고 나면 자기가 진 무거운 짐, 자기가 겪는 어려움이 한결 줄어듭니다. 감옥에 갇혀 목숨을 잃게 될까 두려울지라도, 하느님께서 이미 자신을 받쳐주셨음을 압니다. 바오로가 쓴 이 서간은 수십 세기를 지나 오늘날 우리에게 말합니다. 우리는 직면한 상황을 간과해서는 안 됩니다. 또한 눈앞의 상황에 매이지도 말아야 합니다. 그 상황 주변을 계속 맴돌아서도 안 됩니다. 신뢰에 찬 마음으로 그 힘든 상황을 하느님 앞으로 가져갈 때, 우리는 과도한 걱정을 멈출 수 있습니다.

자기 신뢰 배우기

2장

어린 시절 이야기

심리 치료 현장에서는 내담자가 어린 시절에 지녔던 불안의 원인을 아는 것이 중요합니다. 아이는 엄마에게서 삶에 대한 근본적인 신뢰를, 아빠에게서는 삶을 직면하고 주도할 용기를 체험합니다. 그러나 이러한 체험은 아이 내면의 불안과 두려움을 극복하는 데 대체로 충분히 강렬하지 않습니다. 아이들은 밤이 무섭습니다. 사자나 호랑이 같은 맹수들이 나타나 벌벌 떨게 하는 꿈도 무서워합니다. 아이의 영혼은 신뢰와 불안이 주는 메시지에 대단히 민감합니다. 아이는 엄마 품에 안겨 안전함을 느끼기를 원하고, 아빠 옆에서 굳셈과 용기를 경험하기를 바랍니다. 하지만 그와 동시에 엄마·아빠를 잃을지도 모른다는 불안감도 느낍니다. 모든 아이가 이러한 불안을 갖고 있으며, 이는 결국 아이가 세상에 태어났을 때 이미 느낀 '분리 불안'에 기인한 것입니다.

  불안은 병을 유발할 수 있습니다. 엄마가 집을 떠났다면, 이는 아이에게 악몽까지 꾸게 합니다. 아이는 그것을 견디기 힘듭니다. 이런 불안은 태아 때의 경험들이나 아주 어렸을 때 버림받은 체험에서 생긴 것입니다. 어린 시절에 느꼈던 불안과 두려움이 위협적으로 다가올수록 그것들에서 벗어나기가 더 힘들어집니다. 우리가 할 수 있는 일은 어린 시절의 불안 체험 앞에 서서 그것을 떠올리고 직면함으로써 불안 요소를 무력화하는 것밖에 없습니다. 이때 신뢰와 안정감의 체험을 떠올리는 것도 도움이 됩니다. 이러한 체험들은 당시에 아이였던 우리를 살아남게 해주었습니다.

"바로 나다"

심층심리학은 겉으로 드러나는 모습은 우리의 참된 자아가 아니라고 말합니다. 내면 깊은 곳에 영적 자아가 있습니다. 그것은 하느님께서 창조하신 가장 내적인 본질, 하느님께서 나에게 만들어주신 본래의 순수한 모습입니다. 자신 있게 밖으로 나의 모습을 드러내는 것이 자기 신뢰를 뜻하지 않습니다. 오히려 중요한 것은 먼저 이 내적 본질과 교류하며, 자신이 세상에 유일무이한 존재임을 의식하는 것입니다. 나는 남들이 나에 대해 갖는 이미지에 전혀 개의치 않습니다. 이는 나에게 내적 자유를 선사합니다.

제가 이끄는 영성 프로그램 참가자들에게 이따금 "바로 나다"라는 말을 일주일간 묵상해 보라고 권합니다. 이는 예수님께서 부활하신 후 제자들에게 나타나서 하신 말씀입니다(루카 24,39 참조). "에고 에이미 아우토스(*ego eimi autos*: 바로 나다"라는 그리스어 문장은 스토아 철학에서 특별한 의미를 지닙니다. 스토아 철학자들에게 '아우토스'는 가장 내적인 본질, 내적 성전을 의미합니다. 사람들은 그곳으로 들어가지 못하고, 어느 누구도 그곳을 훼손할 수 없습니다. 우리가 이 가장 내적인 진원지와 접촉할 때 참된 자기 신뢰를 강화할 수 있고, 온전히 우리 자신으로 있게 됩니다. 뭔가를 할 때마다(아침에 일어날 때, 식사할 때, 사람들과 대화할 때, 일할 때, 자리에 앉아 있을 때 등등) "바로 나다"라는 말을 되뇌면, 우선 내가 어떤 역할을 하는지 알아차리게 됩니다. 지금 나는 있는 그대로의 나 자신으로 살아가지 못합니다. 나는 주변 세계에 순응합니다. 나는 상대방이 나에게서 기대하는 것이 무엇인지 즉시 감지합니다. 그리고 이 기대에 부응하는 역할을 합니다. "바로 나다"라는 말을 되뇌는 것은 나를 점점 더 내가 맡은 역할과 내가 쓴 가면에서 벗어나게 합니다. 그런 가운데 돌연 내적 자유를 얻게 됩니다. 이제 나는 나를 증명해 보일 필요가 없습니다. 나는 단순히 나 자신으로 있습니다. 나는 이 '나'를 정확히 규정할 수 없습니다. 그러나 내 안에 어느 누구도 파괴할 수 없는 것, 다른 사람들이 내게 논쟁을 일으킬 수 없는 것이 있음을 지각합니다.

자기를 끊임없이 증명해 보일 필요 없이 바람직한 자기 신뢰를 강화하는 한 가지 방법은 "바로 나다"라고 하신 예수님의 이 말씀을 묵상하는 것입니다. 루카복음서에 따르면, 부활의 신비는 예수님이 오롯이 '당신 자신이 되셨다'는 것에 있습니다. 우리는 지금 예수님의 부활에 동참합니다. 그러므로 부활하신 그분과 함께 "바로 나다"라고 거듭 말해도 됩니다. 이 말은 두려움이라는 무덤으로부터 우리를 실제로 일어서게 합니다. 이 말은 우리를 똑바로 서게 하고, 우리에게 심오한 내적 자유를 선사합니다. 나는 나를 증명해 보일 필요가 없습니다. 나는 압박을 받을 필요가 없습니다. 나는 단순히 있습니다. 그것은 체념하는 것이 아닙니다. 오히려 "바로 나다"라고 확신하는 가운데 나를 형성하는 신비에 대해 알게 됩니다. 나는 하느님께서 지으신 유일무이한 존재라는 것도 알게 됩니다. "바로 나다"라는 말로 자기암시를 한다면, 나를 남들과 비교하는 것도 그만두게 될 것입니다. 나는 다른 사람들보다 더 근사하게 보일 필요가 없습니다. 더 자신감 있는 모습을 보일 필요도 없습니다. 단순히 '나 자신으로 있는 것'으로 족합니다.

당신의 약한 면을 받아들여라

정신분석가이자 심리 치료사인 융은 자신의 어두운 면과의 화해도 자기 신뢰에 포함된다고 말합니다. 그러려면 겸손과 유머가 필요합니다. 자신의 강한 면만 드러내는 사람은 얼굴을 가린 가면이 벗겨질까 늘 노심초사합니다. 반면에 '쿨'하게 자신의 실수를 인정하고, 자신의 어두운 면도 받아들이는 이는 사람들과 잘 교류할 수 있습니다. 그는 남들이 자신의 약한 면을 들추어낼까 불안해하지 않습니다. 그는 다른 사람들 편에 서고, 그들의 약점을 퍼뜨리지 않습니다. 한편 자신의 약한 면을 누구에게나 즉시 이야기하는 사람은 다른 뭔가를 숨기고 있음에 틀림없습니다. 그는 자신의 진짜 약한 모습을 감추려고 대수롭지 않은 약점을 드러내 보입니다. 이와 달리 자신의 약한 모습과 화해한 이는 마음을 열고 다른 사람들에게 다가갑니다. 그는 자기 자신을 있는 그대로 다른 사람들에게 내보입니다. 자신을 지나치게 낮추지 않고, 어떠한 경우에도 감추고 싶은 것을 남들이 들추어낼까 불안해하지도 않습니다. 그는 자신과 자신의 어두운 면을 받아들이기에 다른 사람들에게 다가갈 수 있습니다. 그는 자기 주변이나 자신이 부정적으로 생각한 자신의 강한 면 주변을 끊임없이 맴돌지도 않습니다. 그는 단순히 존재합니다. 그는 다른 사람을 향해 자신을 개방합니다. 그는 있는 그대로의 자신을 드러낼 뿐, 더 근사하게 표현하지 않습니다. 그리하여 그는 다른 사람들과 관계를 맺고 사람들의 호감을 얻습니다.

자아Ego는 자기 자신을 중심으로 맴돕니다. 참된 나/자기Selbst는 인간의 내적 중심을 이룹니다. 강함과 약함, 인간적인 것과 신적인 것은 참나에 속합니다. 우리가 자아에서 벗어나 참나를 향해 간다면 평정심을 더 많이 지니게 되고 더 진실해지며 더 자유로워질 것입니다.

당신의 강점을 발견하라

많은 사람이 불안을 느낍니다. 그들은 사람들의 모임에서 이야기할 엄두가 나지 않습니다. 그들은 이야기하면서 창피당할까 불안해합니다. 그런가 하면 다른 사람들은 자신이 표현하고자 한 바를 훨씬 더 명확히 말하려 합니다. 그들은 남들에게 자신을 내보이는 것에 심리적 압박을 받습니다. 그래서 사람들 가운데 있는 것이 불편합니다. 그들은 남들이 자기를 어떻게 볼지 생각하고 또 생각합니다. 그들은 옆에 있는 사람들이 자신을 주시하고 평가한다고 여깁니다. 당사자들과 대화를 나누는 가운데 저는 이들에게서 자기 신뢰가 부족한 원인을 발견합니다. 그들은 어렸을 때 이런 말을 귀가 따갑도록 들었습니다. "넌 너무 느려. 넌 틀렸어. 넌 어리석어. 다른 애들은 너보다 훨씬 똑똑해. 오늘 네가 어떻게 했는지 돌아봐. 그렇게 해서 앞으로 세상을 어떻게 살아가려고 그래?" 이런 말들은 마음을 불안하게 합니다. 이런 말들은 아이들의 마음에 새겨집니다. 어른이 되어서는 자기 자신을 부정적으로 평가합니다. 그들은 다른 사람들이 자기를 주시하면서 걱정한다고 여기며, 스스로를 관찰하고, 자신과 자신의 잘못들 주변을 머릿속에서 끊임없이 맴돕니다.

자기 신뢰 부족을 대화로 만회할 수는 없습니다. 그럼에도 그러한 상태에 그저 머물러 있어서는 안 됩니다. 자기 신뢰를 강화하기 위해서는 자기 자신을 느끼고, 남들과 자신을 비교하기를 그만두어야 합니다. 남들이 나를 어떻게 생각할지 더 이상 고민하지 말아야 합니다. 그럼에도 그런 생각이 자꾸 떠오르면(나는 그것을 통제하기가 매우 힘듭니다) 이에 대해 화낼 게 아니라, 그것을 자신에게 다음과 같이 말하라는 초대로 여겨야 합니다. "그들이 나에 대해 생각하는 것은 그들의 문제야. 그들은 한가하게 나에 대해 생각하겠지. 그러나 그건 그들의 생각이지. 그들이 어떻게 생각하든, 그건 나와 전혀 상관없는 일이야." 이런 반응이 늘 쉬운 건 아닙니다. 그러한 생각은 거듭거듭 떠오르니까요. 만일 그러한 생각을 다른 생각으로 덮어버리면 우리의 내면은 끊임없이 투쟁하게 될 것입니다. 이때에는 몸으로 느끼는 것이 도움이 됩니다. 그런 생각이 떠오르면 내가 지금 여기 있음을 느끼도록 자신을 만지는 것도 도움이 될 수 있습니다. 예를 들어 두 손을 서로 포개어놓거나 가슴에 손을 얹을 수 있겠지요. 그런 가운데 내가 나와 온전히 함께 있음을 즐길 수 있습니다. 나는 나를 느낍니다. 나는 나를 있는 그대로 받아들입니다. 나는 확신에 찰 필요가 없습니다. 이제 나는 내가 지적인 사람임을 드러낼 필요가 전혀 없습니다. 나는 나를 느낍니다. 그런 다음 뭔가를 말하고 싶으면 그렇게 합니다. 아무 생각도 떠오르지 않으면 그냥 자리에 앉아 있습니다. 그렇게 나는 나 자신으로 있습니다. 그것으로 충분합니다.

내가 부정적으로 생각한 나의 약한 면을 다른 관점에서 볼 수 있습니다. 내가 그것을 받아들이면, 그것은 더 이상 나를 손아귀에 넣지 않을 것입니다.

이 말이 단순하게 들리지만, 그러려면 먼저 비현실적인 자아상과 단호히 결별해야 합니다. 그러면 자기 신뢰가 자랄 것입니다. 이제 나는 나를 있는 그대로 받아들입니다. 이는 내가 성장할 수 있고 더 확신할 수 있기 위한 전제 조건입니다. 내가 상상 속의 나로 살지 않는다는 것을 슬퍼

할 때 비로소 나의 진정한 능력과 가능성이 발현되고, 내가 가진 본래의 강점도 발견하게 됩니다.

자기 자신 편에 서라

자기 신뢰가 적은 사람은 자기 자신 편에 서기가 어렵습니다. 자기 신뢰를 강화하는 또 다른 방법은 새롭게 서 있는 힘을 지니는 것입니다. 이는 서 있는 연습에 선행됩니다. 나는 내가 나무처럼 서 있는 모습을 그려볼 수 있습니다.

먼저 내가 땅속 깊이 뿌리내리고 굳건히 서 있도록, 뿌리를 땅속 깊이 파묻는 모습을 상상해 봅니다. 나무를 상상하는 것은 내 편에 서도록 나에게 용기를 줍니다. 나는 그것을 몸으로 연습할 수 있습니다.

서 있기 위해 중요한 두 번째 지점은 중심부입니다. 일본 사람들은 '하라腹(はら)'에 관해 말하는데 복부(배)를 의미하는 단어입니다. 거기에 우리의 중심부가 있습니다. 우리가 중심부를 잘 지탱하고 있으면, 그 어떤 것도 우리를 쉽게 넘어뜨릴 수 없습니다.

서 있기 위해 중요한 세 번째 지점은 꼭대기입니다. 나는 내가 나무 꼭대기를 만지는 모습을 그려볼 수 있습니다. 또는 나무의 상징적 의미를 다시 한번 유념할 수 있습니다. 나무가 하늘을 향해 뻗어 나아가듯, 나도 위를 바라보며 나아갑니다. 그렇게 서 있는 동안 자기 신뢰를 한층 강화할 수 있습니다.

내가 내 편을 든다면, 그 어떤 비판도 나를 더 이상 뒤흔들지 못할 것입니다. 나는 콘크리트 기둥처럼 꼼짝 않고 서 있을 필요가 없습니다. 나는 바람에 흔들리는 나무처럼 보이지만, 이미 땅속 깊이 뿌리내리고 있습니다. 따라서 삶의 폭풍은 나를 쉽사리 무너뜨리지 못합니다. 그렇게 나는 비판과 더불어 살아갈 수 있습니다. 나무는 완벽한 모습으로 서 있지 않습니다. 바람이 불면 흔들립니다. 때론 몸을 굽히기도 합니다. 그러나 쉽사리 뿌리 뽑히지 않습니다. 나는 의식적으로 나 자신으로 서 있으면서, 내 편을 드는 법과 어떤 일을 극복하는 법을 더 많이 배우며 자기 신뢰를 한층 키워갈 것입니다. 나는 신뢰를 더 많이 체험합니다. 나는 신뢰를 만들어낼 필요가 없습니다. 신뢰는 혼자서 자랍니다.

당신 안에서 말씀하시는 영을 신뢰하라

예수님은 두려움을 극복하고 신뢰를 얻는 방법을 우리에게 가르쳐주십니다. 그분은 우리가 어떻게 말할까, 무엇을 말할까 걱정하지 말라고, 그것에 대해 골머리를 앓지 말라고 하십니다. "너희가 무엇을 말해야 할지, 그때에 너희에게 일러주실 것이다. 사실 말하는 이는 너희가 아니라 너희 안에서 말씀하시는 아버지의 영이시다"(마태 10,19-20).

우리가 하는 말을 듣는 사람들과 그들이 내릴지도 모를 판단에 매이지 말고, 내면에서 우러나오는 말을 해야 합니다. 우리는 사람들에게서 몸을 돌려 우리 마음으로 향해야 합니다. 마음 안에서 우리는 무엇을 말해야 할지 지각할 수 있습니다. 이와 달리 우리의 머리는 남들의 평가와 판단을 끊임없이 생각하기 때문에 우리를 불안하게 합니다. 내면과 교류할 때, 우리 안에서 들리는 말씀이 옳다는 것을 신뢰할 수 있습니다. 이 순간에 하느님의 영이 우리를 통해서 그리고 우리 안에서 말씀하실 거라고 예수님이 약속해 주십니다. 우리는 무엇을 말해야 할지 미리 준비할 필요가 없습니다. 일어나지도 않은 일들을 미리 골똘히 생각할 필요도 없습니다. 오히려 지금 이 순간에 우리 안에서 떠오르는 것을 신뢰해야 합니다. 그것이 우리를 두려움에서 벗어나게 합니다. 우리가 자신 안에서 말씀하시는 영을 신뢰하면, 다른 사람은 우리에게 그 어떤 힘도 행사할 수 없습니다. 우리는 내면과 교류하며 마음에서 우러나오는 말을 합니다. 우리는 힘 있는 자, 우리 존재를 입증해야 하는 자에게 매달리지 않습니다. 그런 경우에 저는 저 자신에게 되풀이해서 말합니다. "다른 사람은 내가 그에게 쓴 힘만큼만 내게 힘을 행사한다." 이어서 굳게 결심합니다. "이제 나는 그에게 맞서 어떤 힘도 행사하지 않겠다." 저는 제 안에서 말씀하시는 영을 신뢰합니다. 이제 다른 사람의 판단은 저에게 더 이상 아무런 영향을 미치지 못합니다.

남들의 판단에 매일 때 우리의 불확실함과 두려움은 더 커집니다. 그러므로 예수님의 조언은 우리에게 유익합니다. 그분은 다른 사람의 기대와 판단에 매이지 말고 그것들에서 벗어나, 자신의 내면을 향하라고 말씀하십니다. 또한 하느님의 영이 우리의 내면을 건드리시며 우리에게 선사하시는 것을 신뢰하라고 이르십니다.

다른 사람들의 판단에 대한 두려움에서 벗어나는 두 가지 방법이 있습니다. 첫째는 다른 사람들이 원하는 대로 생각하도록 마음 속에서 그들을 허락하는 것입니다. 나는 그들이 하는 생각에 골머리를 앓을 필요가 없습니다. 나는 그들의 판단에 좌우되지 않습니다. 나는 그들의 심판 앞에 서지 않습니다. 나는 그들의 판결을 두려워하지 않습니다. 나는 그들의 인정이나 관심, 판단이나 평가가 아닌, 하느님께 근거해서 나를 규정합니다. 나는 하느님의 손안에 있습니다.

둘째는 나 자신과 교류하는 것입니다. 나는 나의 내면에 귀 기울입니다. 나는 내 안에서 들리는 말에 귀 기울입니다. 나는 내 마음의 움직임을 신뢰합니다. 이렇게 마음의 이끌림과 움직임을 통해서 하느님의 영이 내게 말씀하신다고 믿기 때문입니다. 그것은 나를 주변 사람들의 영으로부터, 어쩌면 나에게 적대감을 지니고 있을지도 모르는 그

영으로부터 벗어나게 합니다. 나는 남들의 생각에 의해서 규정되지 않습니다. 오직 하느님에 의해서만 규정됩니다.

있는 그대로 존재하라

마태오 복음사가는 사람들이 어떤 중풍 병자를 평상에 뉘어 예수님께 데려왔다고 우리에게 전합니다. "예수님께서 그들의 믿음을 보시고 중풍 병자에게 말씀하셨다. '애야, 용기를 내어라. 너는 죄를 용서받았다'"(마태 9,2). 예수님은 중풍 병자를 데려온 이들의 신뢰를 인식하십니다. 그들은 병자의 치유를 믿습니다. 그리고 예수님은 병자에게 신뢰를 선사하십니다. 그러나 병자와 그를 데려온 이들이 바라는 것을 먼저 행하지 않으십니다. 그분은 중풍 병자를 고쳐주시는 게 아니라, 그의 죄가 용서받았다고 말씀하십니다. 예수님은, 그의 병이 순전히 육체적인 문제만 아니라 어떤 잘못된 내적 태도에서 기인한 것으로 여기신 듯합니다. 잘못된 태도란 인간의 죄를 뜻합니다. 저는 여기서 죄가 다음과 같은 의미로 쓰였다고 봅니다. 죄는 일차적으로 계명 위반을 말하는 것이 아니라, 삶을 거부하는 것입니다. 그러한 태도는 종종 두려움을 일으킵니다. 이 두려움은 우리에게 주어진 것을 거부하고 실행하지 않도록, 자리에 누워서 우리에게 필요한 것을 다른 사람들이 행할 때까지 기다리라며 우리를 몰아댑니다. 그렇기 때문에 예수님은 먼저 내적 태도에 대해 말씀하시는 것입니다. 그러나 그러한 잘못된 태도를 지닌 중풍 병자를 비난하지 않으시고, 하느님께서 용서하셨다고 그에게 말씀하십니다. 그는 있는 그대로 받아들여졌습니다. 그가 삶을 부정하고 거부한 행위도 함께 받아들여진 것입니다. 그는 하느님께서 자신을 조건 없이 받아들이셨음을 믿어도 됩니다. 아무 조건 없이 자신의 존재가 인정받고, 있는 그대로 사랑받는다는 내적 체험은 우리가 위축된 상태에서 벗어나기 위한 전제 조건입니다.

두려움을 극복하려면 우리 영혼 깊은 곳에 자리 잡고 있는 남들의 판단에 대한 두려움을 가라앉혀야 합니다. 이는 우리가 하느님의 무조건적인 사랑을 의식할 때 가능합니다. 예수님이 중풍 병자에게 말씀하시는 용서는 결국 이런 뜻입니다. "너는 있는 그대로 존재해도 된다. 너는 지금 그대로 좋다." 그러한 말씀을 받아들여야 우리가 지닌 두려움이 가라앉을 것입니다.

율법학자 몇 사람은 예수님이 중풍 병자의 죄를 용서하시는 말씀을 듣고, 그분이 하느님을 모독한다고 생각합니다. 오직 하느님만이 죄를 용서하실 수 있기 때문입니다. 그들은 자기네 생각을 발설하지 않습니다. 그러나 예수님은 그것을 알아차리십니다. 그리고 그러한 생각에 대응하십니다. 예수님은 몸이 아픈 병자를 고치는 의사만이 아니십니다. 그분은 인간의 영혼을 훤히 아시기에 먼저 영혼으로, 대개는 육체적 병의 원인이 되는 내적 태도로 향하십니다. 내적 태도란 죄로 이끌리며 삶을 거부하는 태도입니다. 결국 그것은 인간을 위축시키는 두려움입니다. 병자가 신뢰와 용서에 관한 예수님의 말씀으로 두려움을 극복한 뒤에야 그분은 그의 육체적인 병도 고쳐주십니다. 예수님은 한 말씀으로 그를 낫게 해주십니다. "일어나 네 평상을 가지고 집으로 돌아가거라"(마태 9,6). 아직 평상에 누워 있는 병자는 자신의 병, 자신의 약함, 자신의 장애를 떨쳐내고 일어나야 합니다. 그렇게 되도록 노력해야 합니다. 자기가 두려움을 극복할 때까지 마냥 기다려서는 안 됩니다. 자신이 느끼는 두려움과 함께 일어서야 합니다.

이 이야기에서 제가 주목하고 싶은 점이 더 있습니다.

그는 직접 자기 평상을 손에 들고 날라야 합니다. 여기서 평상은 그의 병, 그의 불확실함, 그의 장애를 상징합니다. 신뢰한다는 것은 우리에게 장애가 없다는 뜻이 아닙니다. 오히려 우리는 자신의 장애와 불확실함을 손에 들고 옮겨야 합니다. 그것들은 더 이상 우리를 평상에 묶어둘 수 없습니다.

내가 두려움을 허용하고 그것과 교류해야 두려움이 나를 위축시키지 않습니다. 나를 위축시키는 두려움은 내가 삶을 근본적으로 잘못 받아들였다는 것을 알려줍니다. 아마도 나는 남들에게서 무시당하지 않으려고, 실수해서는 안 된다는 신념을 고수했을 겁니다. 이런 잘못된 태도를 드러내야 두려움을 사라지게 할 수 있습니다. 나는 나에게 실수를 허용하면서 그런 태도를 바꿉니다. 실수를 저지르더라도 나는 소중한 존재입니다. 이것이 한 가지 방법입니다. 다른 방법은 다른 사람들의 판단이 내게 얼마나 중요한지 자신에게 고백하는 것입니다. 나는 다른 사람들이 나에 대해 좋게 생각하기를 바랍니다. 그것을 나에게 고백하면, 남들 앞에 좋은 모습으로 서고 싶은 갈망도 상대화할 수 있습니다. 그렇습니다, 내가 좋은 평가를 받는 것은 바로 나에게 달렸습니다. 그러나 나는 그것만으로는 살 수 없습니다. 나의 본래적 가치는 더 심오합니다. 그것은 나에 대한 다른 사람들의 생각이나 상상에 좌우되지 않습니다. 그리고 이러한 태도가 더 크고 새로운 자유로 나아가는 길을 열어줍니다.

3장

다른 사람들
신뢰하기

어떻게 해야 신뢰가 자랄까?

젊은 시절에 저는 교목 사제로 일하면서 학생들에게 종종 '성찰의 날'을 보내게 했습니다. 학생들은 15세에서 18세 사이로, 당시에 저는 '신뢰'를 주제로 택하여 자기 신뢰, 다른 사람에 대한 신뢰, 하느님에 대한 신뢰, 이렇게 세 영역을 성찰하게 했습니다. 학생들은 앞의 두 주제에 뜨거운 관심을 보였습니다. 일부 학생들은 자기 신뢰가 부족해서 힘들어했습니다. 그 학생들은 학급 안에서 자신의 견해를 말할 용기가 없었습니다. 웃음거리가 될까, 자기가 말한 게 충분하지 않아서 창피당할까 두려웠기 때문입니다. 또 다른 학생들은 신뢰하지 못하는 학급 분위기로 인해 고통스러워했습니다. 그 학생들에게는 편안하며 서로 신뢰하는 학급 공동체 체험이 중요했습니다. 그러나 학급 내에 존재하는 여러 집단 중 어느 집단은 다른 집단들을 험담했습니다. 단골 화젯거리는 다른 아이들을 놀려대고 그 아이들에 관한 모든 소문을 퍼뜨리는 것이었습니다. 이는 불신의 분위기를 조성했습니다. 아이들은 더 이상 마음을 열 용기가 나지 않았습니다. 다른 집단이 자기가 한 말이나 경험을 퍼뜨릴까 두려웠기 때문입니다. 학생들은 신뢰의 분위기를 원했지만, 그런 분위기를 조성하는 것은 그들에게 어려운 일이었습니다. 학생들은 '성찰의 날'을 통해 학급 내에 신뢰가 커지기를 열망했습니다. 그러나 신뢰를 다른 아이들에게 요구할 수는 없습니다. 신뢰는 싹터 자라야 합니다. 이따금 '성찰의 날'은 학생들을 더 결속시키는 데 기여했습니다. 그러나 신뢰가 결여된 학급 상황을 놓고 솔직한 대화를 나누어도 분위기 전환에는 더 이상 도움이 되지 않았습니다. 일부 아이들은 자신이 공격당했다고 느꼈기 때문입니다. 그 아이들은 변명을 늘어놓고, 신뢰 결여의 책임을 다른 아이들에게 떠넘겼습니다.

저는 아이들이 서로 화해하기를 바라면서 공동 체험을 하게 했습니다. 아이들에게 단순한 활동을 반복하게 했는데, 그 중 인기를 끌었던 한 가지 활동은 이렇습니다. 아이들과 저는 원을 크게 이룬 형태로 자리에 앉았습니다. 그런 다음 저는 손에 볼펜을 들고 그것이 누군가를 가리킬

때까지 계속 돌렸습니다. 이어서 볼펜이 가리킨 사람은 원 안으로 들어와 2분간 앉아 있어야 했습니다. 본인이 원하면 다른 아이에게 이렇게 말할 수 있었습니다. "나는 너의 …가 좋다고 생각해." 다른 아이 안에 있는 선함을 보는 것만으로도 서서히 분위기가 좋아졌습니다. 환영받지 못한 집단에 속한 아이들조차 진심으로 긍정적인 말을 했습니다. 우리는 다른 연습들도 했으며, 침묵하면서 묵상하기도 했습니다. 신뢰 연습도 했는데, 이는 한 아이가 그룹 가운데 서서 단순히 왼쪽으로 또는 오른쪽으로 쓰러지는 것입니다. 그러면 모든 아이가 그 아이를 붙잡아야 했습니다. 이때에도 다른 아이들을 부당하게 대하는 행동은 아무도 하지 않았습니다. 이 연습은 아이들 내면의 좋은 면을 일깨워 주었습니다. 그룹 가운데 선 아이는 똑바로 서 있기를 바랐습니다. 그러나 자기를 넘어뜨린 아이에게도 해를 끼치려 하지 않았습니다. 공동 체험을 통해 신뢰가 싹터 자랍니다. 내가 다른 아이들이 무언가를 할 수 있다고 믿을 때에도 그렇습니다. 신뢰를 윤리적 판단으로만 접근하면 저항심만 생깁니다.

교실에서 이루어진 이러한 체험은 다른 단체들에도 적용해 볼 수 있습니다. 많은 기업에서 신뢰를 형성하는 방안을 강구해야 한다고 말합니다. 상호 신뢰가 단순하고 손쉽다고 여기는 이들도 일부 있습니다. 그러나 나 자신이 신뢰를 주어야, 내가 동료들을 믿고 그들이 무엇인가를 할 수 있다고 믿어야 신뢰가 자랍니다. 내가 먼저 신뢰해야 내 주변에서 신뢰가 싹틀 수 있습니다. 만일 신뢰를 형성하기 위한 방안이 과도하다면, 그것은 불쾌감만 일으킬 것입니다. 사람들은 의도를 알아채고 기분이 상합니다. 어떻게 해야 직장 내에서 신뢰가 자랄 수 있는지 깊이 생각해 볼 수 있습니다. 통제를 강화해서는 당연히 신뢰가 자랄 수 없습니다. 신뢰하기 위해서는 창의적인 방법이 필요합니다. 나는 여러 동료를 믿고, 공동 프로젝트를 함께 수행합니다. 그들은 내가 자신들을 실제로 신뢰하고 자신들이 무엇인가를 할 수 있다고 믿는지, 아니면 내가 속임수를 쓰는지 금세 알아챌 것입니다. 속임수를 쓰면 신뢰가 생겨날 수 없습니다. 내가 먼저 다른 사람들에게 신뢰를 주어야 신뢰가 생겨납니다. 그리고 나서 그들 안에서도 그리고 그들 가운데서도 신뢰가 자란다는 것을 믿을 수 있습니다.

삶 배우기

우리는 누구나 애정을 갈망합니다. 엄마가 자기를 다정하게 바라보고 미소 짓기를 바라는 것은 아이의 원초적 소망입니다. 아이에게 이 세상에 존재할 권리를 선사하는 이러한 근원적 체험은 다음과 같은 메시지를 전해줍니다. "네가 이 세상에 온 것을 환영한다." 우리는 이것을 거듭 체험하기를 바랍니다. 엄마는 아기에게 근원적 신뢰를 전해주는 첫 번째 사람입니다. 아기는 엄마를 통해 자신이 이 세상에 온 것을 환영받았다고 느낍니다. 아기는 안전과 보호 속에 있음을 느낍니다. 아기는 아무 조건 없이 받아들여졌음을 체험합니다. 이는 아기가 삶을 신뢰할 수 있게 합니다. 아기는 또 든든하게 떠받쳐져 있음을 압니다. 아기는 홀로 있지 않습니다. 엄마에게 보호받은 체험은 아이로 하여금 언젠가는 하느님께로 향하게 합니다. 엄마가 곁에 없더라도, 아이는 더 큰 실재實在에 의해서, 종국엔 하느님에 의해서 보호받았음을 압니다. 강한 근원적 신뢰를 체험한 아이들은 삶을 더 가볍게 살아갈 수 있습니다. 그렇지만 신뢰만 배우는 아이는 없습니다. 아이 안에는 근원적 불신도 존재합니다. 결국 신뢰와 불신이 조화를 이루는 게 필요합니다. 그래야 바르게 성장하고 성숙한 자세로 살 수 있습니다.

아빠도 아이에게 신뢰를 전해줍니다. 그러나 이 신뢰는 다른 성격을 띱니다. 그것은 보호받음의 체험보다는 모험의 성격을 띱니다. 아빠는 아이가 세상 속으로 들어가도록, 뭔가를 주도하고 감행하도록, 훗날 부모 곁을 떠나 자기 삶을 살도록 용기를 불어넣어 줍니다. 이렇게 아빠는 아이가 든든한 지지를 받으며 삶을 주도하고 노력하여 자신의 꿈을 이룰 힘을 발견하도록 격려해 줍니다.

삶을 배우기 위해 아이에게 두 가지 유형의 신뢰는 필요합니다. 어른도 이 두 형태의 신뢰를 거듭 체험하게 될 것입니다. 아이는 바닥에 넘어지면 떠받쳐지기를 바랍니다. 이는 엄마에 대한 신뢰입니다. 아이는 풀밭에 누워서도 대지가 자기를 힘 있게 받쳐주는 체험을 합니다. 그리고 둥근

아치가 특징적인 로마네스크 양식의 성당에 앉아 있을 때에는 하느님께서 자신을 엄마 품처럼 따뜻이 감싸 안아주신다고 느낍니다. 우리 모두에게는 아빠에 대한 신뢰 체험도 필요합니다. 그래야 삶에 새롭게 도전하게 되고, 자신에 대해 책임지고 다른 사람들에 대한 책임도 떠맡을 수 있습니다. 어른도 때로는 기댈 수 있는 아버지를 갈망합니다. 그에게 아버지는 부서지는 파도 속에서도 꿋꿋하게 버티는 바위 같은 존재이고, 안전함을 주는 사람입니다. 아버지이신 하느님은 결여된 아버지 체험을 메워주실 수 있습니다. 아버지이신 하느님은 현실의 육적 아버지 체험을 대신하는 분이 아닙니다. 그러나 아버지에 대한 체험이 전혀 없거나 불충분한 사람도 아버지는 실제로 어떤 존재인지 압니다. 그러므로 자기를 격려해 주고 삶 속으로 들어가도록 용기를 주는 아버지로서 하느님을 체험할 수 있습니다.

일어서게 하는 힘

마르코복음서에 어느 아버지에 관한 이야기가 나옵니다. 병든 딸이 더는 살지 못할까 불안해하는 그에게 예수님은 이렇게 말씀하십니다. "두려워하지 말고 믿기만 하여라"(마르 5,36). 이는 간명하지만 매우 중요한 말씀입니다. 아버지는 무력함을 느낍니다. 그는 딸을 더 이상 도와줄 수 없습니다. 딸에게 생명력을 주기에 그의 힘은 충분하지 않습니다. 예수님은 그가 절망한 모습을 보시고, 두려움을 떨쳐 버리고 단순하게 신뢰하라고 이르십니다. 여기서 그것이 어떻게 가능하냐는 물음이 생깁니다. 나는 두려움을 간단히 옆으로 밀어낼 수 없습니다. 두려움은 내 안에서 거듭거듭 모습을 드러냅니다. 한마디 말씀으로는 두려움을 극복할 수 없습니다. 그럼에도 예수님은 그에게 두려워하지 말라고 이르십니다. 그는 믿어야 합니다. 여기서 믿음은 신뢰의 조건임이 분명합니다. 그는 예수님이 딸을 낫게 하실 것을 믿어야 합니다. 또한 그분의 활동을 믿으면서 딸을 통해 신뢰를 다시 배워야 합니다. 딸은 아버지에게만 의지하고 있지 않습니다. 딸은 하느님의 딸이기도 합니다. 딸은 하느님께도 속해 있습니다. 그리고 하느님은 예수님을 통하여 그 아이 안에서 활동하십니다. 그분은 아이를 고무시켜 주십니다. 그분은 아이에게 살아갈 용기를 다시 주십니다.

복음서에 나오는 그 아버지는 하느님을 믿으면서, 예수님의 활동을 믿으면서 딸을 신뢰하는 법을 배웁니다. 어느 누구도 내버려 두지 않으시는 하느님에 대한 믿음은 우리가 누군가를 믿기 위해, 우리가 그를 신뢰하고 그 사람 안에 있는 힘을 신뢰하기 위해 꼭 필요한 전제 조건입니다. 아버지는 딸이 죽었다는, 딸에게서 생명력이 빠져나갔다는 말을 듣습니다. 그래서 모든 희망을 놓아버립니다. 그렇지만 예수님은 그 아이 안에 있는 힘을 믿으십니다. 그분은 아이가 일어나게 하십니다. 예수님은 아이를 고무시켜 주십니다. 그분은 아이의 손을 잡으시고 일어서게 하십니다. 그러나 아이가 자신의 길을 가게 하십니다. 그분은 아이를 조종하지 않으십니다. 그리고 아이에게 먹을 것을 주라고 이르십니다. 아이가 자신의 힘과 교류하려면 강해져야 합니다. 예수님의 신뢰는 아이에게서 사라진 것처럼 보였던 생명력을 일으킵니다. 예수님은 아이가 죽지 않았다고, 아이 안에 생명력이 아직 남아 있다고 믿으십니다. 그분은 이 힘을 일으키십니다. 그러므로 신뢰는 일어서게 하는 힘도 지니고 있습니다. 신뢰는 결코 수동적이지 않습니다. 신뢰는 우리를 움직이게 합니다.

우리가 누군가에게 주는 신뢰는 그 사람 안에 있는 신뢰를 일으킵니다. 우리가 그를 신뢰하므로, 그는 이제 자기 자신도 신뢰할 수 있습니다. 우리가 그를 믿으므로, 그는 자기 자신을, 자신의 능력을, 자신의 힘을 믿을 수 있습니다. 따라서 우리가 지닌 신뢰는 언제나 다른 사람에게도 이롭게 작용합니다. 또한 그가 자기 자신과 자신 안에 있는 치유의 힘을 신뢰하게 하고, 더 강해질 수 있게 합니다.

손을 잡고서

마르코복음서에 나오는 어느 아버지의 이야기에서 예수님은 그에게 아들을 믿으라고 말씀하십니다. 아버지는 아들을 믿지 못했습니다. 그는 아들의 공격적인 면을 주시하고 아들이 더러운 영이 들렸음을 알았습니다. 아들은 자신을 향한 아버지의 불신을 알아차리고 자신의 공격성과 더러운 영을 쫓아내려고 안간힘을 썼습니다. 하지만 아무 소용이 없었습니다. 그것들은 아이에게 악영향을 미쳤습니다. 억눌린 공격성은 아이를 뒤흔들어 댔고, 아이는 땅에 쓰러져 거품을 흘리며 이를 갈았습니다. 더러운 영은 아이를 죽이려고 불 속으로 내던졌습니다. 그 아버지는 예수님이 아들을 고쳐주시기를 간절히 바랍니다. 그러나 지금까지 그랬던 것처럼, 자신은 꼼짝 않고 그대로 있고자 합니다. 그는 예수님께 이렇게 간청합니다. "이제 하실 수 있으면 저희를 가엾이 여겨 도와주십시오"(마르 9,22). 그렇지만 예수님은 그의 뜻대로 하지 않으십니다. 그에게 믿음이 없는 자기 자신을 직면하게 하십니다. 예수님은 다음과 같이 말씀하시면서 그의 잘못을 지적하십니다. "'하실 수 있으면'이 무슨 말이냐? 믿는 이에게는 모든 것이 가능하다"(9,23). 이 말씀을 듣고 그는 아들을 인정하지 않았음을, 아들을 신뢰하지 않았음을 깨닫습니다. 이제 그는 달라지고 싶습니다. 그래서 외칩니다. "저는 믿습니다. 믿음이 없는 저를 도와주십시오"(9,24). 그는 아들을 믿어야 합니다. 아들이 공격성과 더러운 영에 잘 대처할 방법을 찾을 것임을 신뢰해야 합니다. 아버지의 불신은 공격성과 더러운 영에 시달리는 아들도 불안하게 만듭니다.

그렇지만 예수님은 아들의 태도에 대한 책임을 그에게 돌리지 않으십니다. 그분은 아들 역시 자기 자신에 대한 불신과 대면해야 한다고 여기십니다. 아이는 신뢰의 길을 가야 합니다. 그래서 예수님은 더러운 영에게 그 아이에게서 나가라고 명령하십니다. 아이는 파괴적인 행동 방식을 버려야 합니다. 그리고 자기 자신과 교류해야 합니다. 이는 고통스러운 과정입니다. 아이는 낯선 것에 사로잡혔던 고통에 격분해서 소리 지릅니다. 그러고 나서 자기 자신과 그리고 자신의 힘과 교류합니다. 그렇게 하여 치유가 이루어집니다. 예수님은 아이의 손을 잡아 일으키십니다. 그리고 아이 아버지에게 아들을 믿으라고 말씀하십니다. 그러나 아이에게도 자신을 희생자로 여기지 말고 하느님께서 주신 고유한 힘을 신뢰하라고 요청하십니다. 아이는 자신의 삶을 살 수 있습니다. 아이는 지금까지 취했던 잘못된 태도와 결별해야 합니다. 그런 부정적인 태도로 인해 변화의 기회를 잡지 못했던 것입니다. 아들은 아버지에게 멋지게 되갚았습니다. 신뢰한다는 것은 파괴적인 태도를 버리고 삶을 향해 나아간다는 뜻이기도 합니다.

아이들에게 필요한 지도와 신뢰

독일어로 '교육하다erziehen'라는 동사는 '끌다, 끌어내다'라는 뜻의 'ziehen'에서 유래했습니다. 나는 아이를 키웁니다. 나는 아이 안에 숨어 있는 것을 끌어냅니다. '교육하다'에 해당하는 라틴어 '에두카레educare'는 '두카레(ducare: 지도하다, 이끌다)'에서 나왔습니다. 나는 아이를 무의식적인 삶에서 의식적인 삶으로, 미숙함에서 성숙과 성장으로 이끕니다. 나는 아이 안에 숨어 있는 것을 밖으로 꾀어냅니다.

저는 열 살 때 기숙학교에 들어갔습니다. 당시에 기숙사에서 생활하던 우리는 '생도Zögling'라 불렸습니다. 그러니까 일정 기간 동안 교육받는 학생들이었습니다. 그 시절에 중요한 교육 수단 중 하나는 훈육이었습니다. '훈육Zucht'이라는 말도 '끌다, 끌어내다ziehen'에서 나왔습니다. 이 단어는 본디 교육자가 아이 안에 있는 것을 밖으로 끌어낸다는 것을 의미합니다. 그러나 이는 종종 달리 이해되었습니다. '훈육'이라는 말은 우리 학생들에게 이상적인 상像으로 제시되었으나 종국엔 속박의 길이 되어버렸습니다. 당시에 우리는 원래 전혀 바라지 않았던 것 속으로 끌려들어 갔습니다.

레바논의 위대한 시인 칼릴 지브란Kahlil Gibran은 '교육'이라는 용어를 조금 달리 이해합니다. 이 용어의 뜻을 비슷하게 풀이하자면 '이미 안에 있는 것을 끌어내다, 꾀어내다, 잠재력을 신뢰하다'라고 표현할 수 있겠습니다. "당신의 자녀는 당신의 소유물이 아니다. 그들은 자신의 삶을 갈망하는 아들이요 딸이다. 아이들의 영혼은 당신이 들어갈 수 없는 아침의 집에서 산다." 아이들은 부모와 교육자에게 속해 있지 않습니다. 결국 아이들은 하느님의 자녀입니다. 지브란이 표현하듯, 아이들은 자신의 삶을 갈망합니다. 아이들은 하느님이 바라시는 모습을 지니고 싶다는 갈망을 품고 있습니다. 이는 부모에게 자녀의 신비 속으로 들어가 깊이 생각해 보게 합니다. '이 아이는 어떤 갈망을 품고 있을까? 이 아이의 신비는 무엇일까? 이 아이는 무엇을 생각할까? 이 아이는 어떻게 느낄까? 이 아이의 강점은 무엇일까? 이 아이는 어떤 소질을 지녔을까?' 나는 아이를 마음대로 할 수 없습니다. 그렇습니다, 아이는 내가 들어갈 수 없는 집에서 살고 있습니다. 나는 아이 안에서 빛나는 아침이 무엇인지 예감할 수 있을 뿐, 아이에게 무엇이 옳은지 알지 못합니다. 나는 아이의 영혼의 집을 둘러볼 수 없습니다. 아이의 방이 어질러져 있으면 들어가 치울 수 있는 것과는 다릅니다. 나는 아이의 영혼의 집을 내 취향대로 꾸밀 수 없습니다. 그것은 내가 할 수 있는 일이 아닙니다. 나는 아이가 이 '아침의 집'에서 편안히 머물 수 있다는 것, 아이는 자신의 아침이 왔음을 알고 맞이한다는 것을 신뢰할 수 있을 뿐입니다.

그러므로 내려놓는 것과 신뢰하는 것, 이 둘은 교육의 기술입니다. 이 두 가지 요소는 아이들이 삶을 신뢰하는 법을 배우기 위한 전제 조건입니다. 아이들을 가르치면서 빠지게 되는 딜레마가 있습니다. 한편으로 우리는 돌보기 쉬운 아이들을 원하지만, 다른 한편으로는 자기 의견을 표명하고 고유한 특성을 지닌 아이들을 원합니다. 순응을 잘하는 아이들은 거의 눈에 띄지 않습니다. 그런 아이들은 평범합니다. 우리는 두 가지 기대를 내려놓아야 합니다. 그래야 아이들이 본래 모습으로 성장할 수 있습니다. 좋은 부모는 자녀를 놓아주어야 한다는 것을 압니다. 자신의 길을 갈 수 있는 아이들은 늘 부모에게로 돌아올 것입니다. 그리고 자신들이 체험한 신뢰에 감사하는 마음을 지닐 것입니다.

아버지가 되기, 어머니가 되기

아이는 무엇보다 부모와의 관계에서 신뢰를 배웁니다. 성인은 신뢰에 대해 배운 것을 실천해야 합니다. 그는 고향 같은 느낌으로 자신을 지지해 주는 어머니 또는 아버지에게 언제까지나 의지할 수는 없습니다. 자기 자신이 아버지가 되고 어머니가 되어야 합니다. 어머니 같은 마음으로 자기 자신과 교류해야 합니다. 자기 안에 숨어 때로 사랑을 갈구하는 내면의 어린아이를 보듬고, 달래주어야 합니다. 그래야 자기 자신 안에 머물며 집처럼 편안함을 느낄 수 있습니다.

   한 여성은 오랫동안 심리 치료를 받으면서 어머니와의 힘든 관계를 들여다보았다고 합니다. 그리고 나서 어머니와 함께 휴가를 떠날 수 있었습니다. 그렇지만 어머니와 함께 시간을 보내면서 크게 실망하고 말았습니다. 그 여성은 어머니가 자기에게 이렇게 말해주기를 기대했습니다. "너는 내가 사랑하는 딸이다. 너를 사랑한다. 네가 내 곁에 있어서 고맙구나. 난 네가 자랑스럽단다." 저는 어머니에게서 이런 말을 결코 듣지 못할 거라고 조언해 주었습니다. 그 말은 그녀가 자기 자신에게 해야 하는 것입니다. 그 여성은 자기 자신을 위해 어머니가 되어야 합니다.

점점 더 나이가 들면서 우리는 기댈 수 있고, 우리에게 안전함을 주는 아버지를 갈망합니다. 친아버지가 그런 존재일 수 있습니다. 또는 아버지를 대신할 만한 선생님이나 사제, 영적 동반자, 치료사가 그런 사람일 수 있겠지요. 우리는 자신의 삶을 영위하고 다른 사람들에게 아버지 역할을 할지라도, 아버지 같은 사람에게 기댈 수 있기를 바라고 그런 사람에게서 격려받기를 갈망합니다. 우리는 그러한 욕구를 밖으로 끌어낼 수 없습니다. 그 욕구를 조용히 허용해야 합니다. 그러나 동시에 우리 자신을 위해 아버지가 되어야 합니다. 우리 안에 있는 작은아들 또는 작은딸을 지지해 주고, 삶을 주도하고 행복하게 살도록 용기를 주는 아버지가 되어야 합니다.

신뢰가 깨지면

영적 동반을 하면서, 여러 사람에게서 자신의 신뢰가 악용되었다는 말을 종종 듣습니다. 한 젊은이는 친구에게 속마음을 드러내며 이야기했습니다. 그런데 친구는 그것을 간직하지 않고, 다른 친구에게 전했습니다. 그 친구 역시 그것을 다른 친구에게 전달했습니다. 이렇게 해서 친구를 신뢰하여 털어놓은 이야기는 얼마 되지 않아 모든 친구에게 알려졌습니다. 어떤 청년은 여자 친구의 신뢰를 저버렸습니다. 그는 그녀가 자기를 사랑하고 신뢰한다는 것을 압니다. 그러나 이를 악용하여 은밀히 다른 여성과 만나며 그 관계를 이어갑니다. 어느 부부는 오랜 세월 동안 서로 신뢰하며 함께 살았습니다. 그런데 어느 날 갑자기 남편이 아내에게 고백합니다. 자기는 아내를 사랑하지 않았다는 겁니다. 그러한 상처를 입은 누군가는 다시 신뢰를 회복할 수 없게 됩니다. 적어도 그러한 상처는 그 사람 안에 깊은 불신을 남깁니다. 그는 상대방을 믿을 수 있고 상대방의 감정도 신뢰할 수 있다고 생각했습니다. 그렇지만 아마도 잘못 생각한 것 같습니다.

그렇게 신뢰가 깨지는 체험을 한 사람은 다시 새롭게 신뢰하기가 어렵습니다. 그는 어떤 친구에게 다가가기가 두렵습니다. 그러나 그것은 상상에 지나지 않을 수도 있습니다. 나는 다시 실망할 수도 있을 겁니다. 신뢰가 깨지는 것은 마음을 아프게 합니다. 그것은 내 영혼에 깊은 상처를 남깁니다. 나는 신뢰 안에서 마음을 열었기 때문입니다. 나는 친구를 신뢰하여 내 이야기를 털어놓았는데, 친구가 그것을 여기저기에 퍼뜨리고 심지어 나를 우스꽝스럽게 만든다면, 더 이상 나에 대해 그 어떤 것도 말할 용기를 낼 수 없습니다. 점점 더 나를 감춥니다. 그러나 이는 나를 삶과 단절시킬 뿐입니다. 더 이상 다른 사람에게 나에 대해 이야기할 마음이 없습니다. 하지만 내 안에서 이러한 마음이 감지되면 나에게 이렇게 말합니다. "나를 가두어놓고 사람들을 불신하느니 차라리 사람들을 신뢰하고, 그러면서 상처받겠다." 나의 신뢰가 악용된 것은 가슴 아픈 일입니다. 그러나 나는 내 편에 섭니다. 나는 내가 옳다고 여기는 것을 계속 말합니다. 나의 신뢰가 악용되었다고 해서, 그것이 앞으로 누군가를 신뢰하는 것을 가로막게 하지 않습니다. 그것은 단순한 일이 아님을 나는 압니다. 신뢰가 깨졌다면, 신뢰가 다시 자랄 때까지 시간이 필요합니다. 그러나 이는 나에게 결단의 문제이기도 합니다. 설사 신뢰가 깨질 위험이 있더라도, 나는 신뢰하기로 결정합니다. 이는 나에게 실제 삶입니다. 나를 폐쇄하는 것은 내가 사는 것을 방해합니다. 그러면 내 삶은 점점 더 제한될 것입니다. 내 안에는 신뢰에 대한 갈망이 있습니다. 신뢰가 악용되었더라도 용기를 내어 신뢰에 대한 갈망을 품습니다. 이렇게 신뢰에 대한 갈망을 품으면서, 나는 이미 온갖 불신에도 불구하고 내 영혼 안에 깃들어 있는 신뢰와 교류합니다.

다른 사람들에게 마음 열기

사람들과 대화를 나누면서 이렇게 하소연하는 말을 자주 듣습니다. "저는 다른 사람을 신뢰할 수 없습니다. 저는 의심으로 차 있습니다."

많은 사람이 종종 실망합니다. 그들은 아버지를 신뢰했습니다. 그런데 아버지는 가족을 떠났습니다. 한 젊은 여성은 학창 시절에 남자 친구를 믿고 신뢰했습니다. 자기는 멋진 사랑을 한다고 생각했습니다. 그런데 남자 친구는 자기를 버리고 다른 여학생과 사귀었습니다. 그 뒤로 그 여성은 이성과 교제할 용기가 더는 나지 않습니다. 그녀는 다시 실망할 수도 있을 겁니다. 저는 이 여성을 잘 이해할 수 있습니다. 그녀는 앞으로 다른 남자와 사귈 수 있을지 확신하지 못합니다. 그녀의 신뢰는 다시 무너질 수 있습니다. 그러나 이런 이유로 자기 안에 틀어박혀 있는 것, 모든 관계를 거부하는 것은 해결책이 아닐 겁니다. 이런 사람들은 종종 중심을 잡지 못하고 어찌할 바를 모르니까요. 그들은 우정 또는 사랑을 갈망합니다. 그러나 어떤 친구나 이성과 사이가 더 가까워지자마자, 이내 달아나 버리거나 자기 안에 틀어박힙니다. 이렇게 그들은 대부분 매우 불행하게 살고 있습니다.

이러한 문제에 해결책을 제시할 수는 없지만, 저는 그 젊은 여성이 자신의 갈망을 이룰 용기를 내도록 격려하려고 힘씁니다. 그러나 본인도 신뢰심을 키워가야 합니다. 높은 자존감을 갖는 것이 상대방이 자기 곁에 머무르는지 여부에 달렸다고 여긴다면, 그녀는 관계가 깨질지도 모른다는 두려움 속에 살게 될 테니까요. 본인이 좋은 상태를 유지해야 상대방에게 마음을 열 수 있습니다. 상대방에게 다가간다는 것은 일종의 모험입니다. 하지만 그것이 전부이냐, 혹은 아무것도 아니냐는 중요한 게 아닙니다. 내가 상대방에게 다가가다 보면, 그에게 신뢰가 생기는지 혹은 그는 신뢰할 만하다는 확신이 드는지 자각하게 됩니다. 우정이나 사랑이 싹트기 시작하면서부터 많은 문제가 발생한다면, 언제라도 두려움에 굴복하여 다시 움츠러들 수 있습니다. 나는 내 감정을 신뢰해야 합니다. 그리고 우정이나 사랑은 다시 깨질 수도 있다는 사실을 인정해야 합니다. 그래야만 두려움 없이 누군가와 관계를 맺을 수 있습니다. 그러나 우정과 사랑 안에서도 항상 다음과 같은 양극을 관찰해야 합니다. 첫째로, 나 자신을 신뢰하는 것, 내 감정을 신뢰하는 것, 내 경험들을 진지하게 받아들이는 것이 중요합니다. 둘째로, 이와 동시에 상대방을 생각하는 것, 그 사람과 내 삶을 어떻게 나눌지 그려보는 것 또한 중요합니다. 이렇게 상상할 때 공포에 사로잡힌다면, 나는 나의 두려움과 마주해야 합니다. 두려움은 내가 그 사람과 헤어져야 한다는 신호일까요? 그렇지 않으면 우정이나 사랑에 대한 과도한 기대를 내려놓으라고 내게 알려주는 것일까요? 우리가 배우는 모든 관계에서 가장 이상적인 관계를 찾아낼 때까지 기다릴 수는 없습니다. 그런 관계는 결코 찾아내지 못할 겁니다. 우리는 완벽주의와, 안전에 대한 망상과, "전부냐 아무것도 아니냐"라는 이분법적 사고와 결별해야 합니다. 그런 다음에 신뢰가 싹터 자랄 수 있고, 이 신뢰가 미래를 위해 얼마나 값진 덕목인지 깨닫게 될 것입니다.

다른 사람들과 연대하기

오늘날 많은 사람을 불안하게 하는 것은 그들이 자기 역할에 안정을 찾지 못하며 더 이상 분명하고 확실한 전통에 뿌리내리지 못하고 있다는 사실과 연관이 있습니다. 자기가 누구인지, 자기는 어디에 속하는지 알지 못하는 사람들이 많습니다. 그들은 고향을 잃었습니다. 오늘날 많은 사람을 움직이게 하는 '고향 찾기'의 이면에는 연대 또는 결속에 대한 갈망이 있습니다. 흔히 '인종의 용광로'에 비유되었던 미국에서 긴 세월 동안 무엇보다 중요한 것이 있었습니다. 새로운 다문화 환경에 적응하기 위해서 자신의 뿌리를 잊는 것이었습니다. 그러나 최근 들어 미국에서 자신의 계보에 대한 관심이 커져 가는 현상을 보면서, 사람들이 고향을 찾는다는 사실을 알 수 있습니다. 사람들은 자신의 조상을 탐구하고, 고유한 역사의 뿌리를 찾아 나섭니다. 사람들은 자신의 삶과 연결된 이들이 누구인지 확인하고 싶어 합니다. 사람들은 그들이 어떻게 살았는지, 그리고 살면서 도전으로 다가오는 것들을 어떻게 이겨냈는지 묻습니다.

조상들의 힘을 나누어 받는 다른 방법은 고유한 의식儀式을 거행하는 것입니다. 의식은 신뢰해 온 것을 만들어 내고, 이로써 신뢰를 형성합니다. 여러 가정은 성탄절에 수백 년 전부터 가문에서 이어져 내려온 의식을 거행합니다. 의식은 그들에게 조상들이 지녔던 믿음의 힘과 생명력을 나누어줍니다. 그들은 조상들이 거행했던 의식을 거행하면서, 조상들처럼 같은 뿌리로부터 힘을 얻는다고 느낍니다. 직면한 난관들도 극복하리라는 신뢰가 그들 안에서 싹터 자랍니다. 그들은 홀로 남겨졌다고, 뿌리가 없다고 느끼지 않습니다. 오히려 조상들의 힘과 믿음과 연결되어 있다고 느낍니다.

고향을 체험하고 싶은 욕구, 고향 체험을 통해 내적 힘과 자기 신뢰를 강화하고 싶은 욕구의 또 다른 형태를 최근 들어 많은 마을에서 볼 수 있습니다. 그곳에 사는 사람들은 시대적 흐름에 맞서 의식적으로 마을 공동체를 활성화하기 위해 힘쓰고, 마을 사람들을 연결시키는 공동 프로젝트를 실행하려고 노력합니다. 마을 연대기도 작성합니다. 그들은 마을, 고향, 도시의 역사를 탐구합니다. 조상들이 어떻게 살았는지, 그리고 그들이 당대의 문제들을 어떻게 극복했는지 알기 위해서입니다. 곳곳에서 향토 단체들이 생겨나고 있습니다. 사람들은 그곳에서 고향 노래를 부릅니다. 우울한 기분이 들게 하는 노래들이 대부분이지만, 이 노래들 안에 과거의 뿌리에 대한 갈망이 표현되어 있습니다. 과거는 미화되지 않습니다. 그때는 편안한 세상이 아니었습니다. 그러나 과거는 사람들이 그들의 삶을 어떻게 마쳤는지 보여줍니다. 고향을 바라보는 것은 자신의 힘에 대한 신뢰를 강화시켜 줍니다. 그것은 고향 체험을 통해 사람들을 움직입니다. 이제 나는 힘을 스스로 얻을 필요가 없습니다. 내 안에 힘이 잠재되어 있습니다. 조상들로부터 이 힘이 나에게 전해졌습니다.

친구들은 고향과 같다

오늘날 같은 '익명성의 시대'(이름보다는 닉네임이나 아이디가 더 많이 사용되는 현상이라든지, 진면목을 드러내며 살기 어려운 탓에 '가면'을 써야 하는 추세에 비추어 이렇게 표현함: 옮긴이)에는 고향 같은 곳이 필요합니다. 그곳은 단지 지리적으로 규정되지 않습니다. 친밀감을 주는 그런 장소는 집처럼 편안함을 느낄 수 있는 곳입니다. 그곳은 친구들이 있는 곳입니다. 우정이 살아 숨 쉬는 곳에서 고향이 생겨납니다. 진정한 우정은 두 가지, 곧 내적 결속과 내적 자유로 표현됩니다. 이 둘은 상호적 신뢰를 달리 표현한 것입니다. 나는 그 어떤 계산도 하지 않고서 친구들에게 내가 느끼는 것을 말할 수 있습니다. 그런 가운데 내가 옳다고 인식한 길을 자유로이 갈 수 있습니다. 나는 친구에게 거짓된 배려를 할 필요가 없습니다. 이렇게 신뢰가 깃든 분위기에서 나는 자유로이 숨 쉴 수 있습니다. 그리고 친구에게도 그가 필요로 하는 자유의 공간을 내줍니다. 친구는 내면 깊은 곳에서 나를 움직이는 것이 무엇인지 정확히 듣습니다. 친구는 나의 내면에 귀 기울입니다. 내 삶의 멜로디가 무엇인지 찾아내려는 것입니다. 친구는 내 삶이 어디서 그리고 어떻게 도약하고 음을 내는지 인지합니다. 친구는 나를 거울에 비추어 주고, 내 마음 깊은 곳에 무엇이 있는지 나에게 상기시켜 줍니다. 따라서 친구의 과제는 나를 단지 이해하는 것 이상이고, 단지 내 곁에 있는 것 이상입니다. 오히려 친구는 내 마음의 멜로디를 듣습니다. 그 멜로디가 내 안에서 멈췄을 때, 다시 새롭게 울려 퍼지게 하기 위해서입니다.

관계 유지하기

오늘날에는 모든 게 급속히 그리고 큰 굉음을 내면서 변해가고 있습니다. 여러 사건으로 혼란스러운 상태에서 굳건함을 유지하려면 먼저 멈춰 서야지, 점점 더 서둘러서는 안 됩니다. 멈춰 선다는 것은 조용히 있다는 뜻입니다. '조용함, 고요, 침묵'에 해당하는 독일어 '슈틸레Stille'는 '세우다, 세워 놓다'라는 뜻의 '슈텔렌stillen'에서 유래했습니다. 나는 내 주위를 감싸고 있고, 내 안에도 있는 고요에 귀 기울이기 위해 서 있습니다. 고요 속에서 마음의 안정을 얻습니다. 나는 내 옆에서 힘든 상태를 견딥니다. 나는 내가 든든하게 받쳐졌음을 압니다. 멈춰 선 가운데 이렇게 자문할 수 있습니다. "무엇이 나를 서게 하는가? 내게 안전함을 주는 나의 뿌리는 무엇인가?" 그런 가운데 내 삶의 역사에서 뿌리를 발견하게 될 것입니다. 나는 부모와 조부모의 뿌리를 나누어 받았고, 고향 사람들의 뿌리도 나누어 받았습니다. 그들이 지닌 삶의 태도, 그들의 지혜, 그들이 살면서 직면한 문제들과 갈등에 대응한 방식은 내 안에 새겨져 있습니다. 그들은 나에게 강인함을 선사해 줍니다. 나는 나를 있는 그대로 받아들이고 내 편에 설 수 있습니다. 내가 나의 본모습을 받아들이고 내 편에 서는 것은 분주한 중에도 굳건함을 유지하기 위한 전제 조건입니다.

믿음 역시 관계가 약해지거나 가능성이 수시로 바뀌는 가운데서도 굳건함을 지니게 해줄 수 있습니다. 히브리서는 믿음을 "우리가 바라는 것들의 보증"(히브 11,1)이라고 정의합니다. 믿는다는 것은 날마다 바뀌는 의견들이라는 바람(風)에 따라 흔들리지 않고 굳건함을 유지한다는 뜻입니다. 이사야서에서는 믿는 것과 서 있는 것을 연관 지어 바라봅니다. "너희가 믿지 않으면 정녕 서 있지 못하리라"(이사 7,9). 우리는 믿음 안에 굳게 서 있어야 한다고 바오로는 말합니다. 우리는 불안정한 세상 한복판에서 우리를 힘 있게 받쳐 주는 더 큰 실재實在 안에 서 있습니다.

고요 속에 서 있을 때 비로소 이렇게 자문할 수 있습니다. "나는 무엇에 의지할 수 있는가? 사람들과 그들의 사랑일까?" 사람들과 그들의 사랑은 제한적으로만 굳건히 서게 해줄 수 있습니다. 결국 나는 내가 고대하며 바라보는 모든 것 옆에서 그 위에 내 삶의 집을 지을 수 있는 궁극적인 근원, 곧 하느님을 마주할 것입니다. 예수님은 우리의 집을 당신의 말씀인 반석 위에 지어야지, 우리의 환상인 모래 위에, 곧 사람들의 동의와 사랑으로 살 수 있을 거라는 환상의 모래 위에 집을 지으면 안 된다고 이르십니다.

그러니 시간 밖으로 나와야 합니다. 그래야 시간 안에 굳건히 설 수 있습니다. 믿음은 소용돌이로부터 빠져나오는 것입니다. 그래야 그 위에 우리 삶의 집을 짓기 위한 굳건한 토대를 발견할 수 있고, 집이 무너지지 않습니다. 내가 믿음 안에 굳게 서 있으면 좋은 관계도 맺을 수 있습니다. 내가 의지하는 하느님과 좋은 관계를 맺을 수 있습니다. 나 자신과 그리고 사람들과도 좋은 관계를 맺을 수 있습니다. 우리 시대의 병은 관계를 맺지 못하는 것이라고 심리학자들은 말합니다. 많은 사람이 자기 자신과 관계를 맺지 못하는 듯합니다. 그들은 사물들과도, 사람들과도, 하느님과도 관계를 맺지 못할 것입니다. 저에게 믿음이란, 무엇보다 제 삶에서 일어나는 모든 일을 하느님과 연관 짓고 결국엔 저를 항상 모든 것과 연관 짓는 능력을 의미합니다. 믿음을 통해 초월적인 것과, 제가 서 있는 기반과, 저

자신과, 제 옆에 서 있는 사람들과 관계를 맺을 수 있습니다. 이렇게 사람들과 만나면서 그들이 굳건히 서 있는지 알게 됩니다.

신뢰의 가치에 관하여

우리는 살면서 사람들을 신뢰할 수 없음을 이따금 경험합니다. 누군가는 우리에게 신뢰를 맹세했습니다. 그러나 그는 우리를 떠납니다. 어떤 사람은 명확한 입장을 취하고 확신을 지닌 것처럼 보입니다. 그렇지만 이어서 스캔들에 연루됩니다. 정치인들은 시류를 따릅니다. 이러한 상황에서 중요한 것은 냉소적인 태도를 보이거나 비꼬지 않고서 또는 체념하지 않고서 반응하는 것입니다. 실제로 신뢰할 수 있는 사람, 누군가에게 너무 많이 약속하지 않는 사람, 진지하고 성실한 사람은 늘 있습니다. 그리고 내가 신뢰할 수 있는 굳건한 토대, 내 삶의 궁극적인 토대가 있습니다. 바로 하느님이십니다. 하느님은 나를 떠나지 않으심을 나는 분명히 압니다. 내가 내 옆에 있지 못해서 나 자신을 떠나더라도 하느님은 나를 떠나지 않으십니다.

아이들에게 신뢰는 특히 중요합니다. 아이들에게는 설령 부모가 자기를 떠나더라도 수호천사는 떠나지 않고 자기와 함께 간다는 것, 자기 자신은 자기를 참을 수 없더라도 천사는 자기를 참아준다는 것을 신뢰하고 믿는 것이 중요합니다. 그러한 깊은 신뢰는 아이들이 자기의 편에 서고, 내적으로 갈라지지 않고, 자신의 인격을 펼치게 합니다. 그러한 신뢰만이 불확실한 세상 한가운데서 그들이 굳건히 설 수 있게 해줍니다. 신뢰를 전혀 체험하지 못한 사람들은 종종 '경계선 환자'(정서, 행동, 대인 관계가 매우 불안정하고 감정의 기복이 심한 인격 장애를 가진 환자를 가리킴: 옮긴이)가 됩니다. 그들에게는 붙잡을 것이 없습니다. 그들이 안정을 얻으려면 오랜 시간이 필요합니다.

어느 누구도 신뢰 없이는 살 수 없습니다. 누군가는 남들에게 거듭 실망했을지라도 신뢰할 수 있는 사람들을 갈망합니다. 그는 이 세상에서 굳건히 서려면 신뢰가 필요하다는 것을 압니다. 사람들이 그를 거듭 실망시키면, 그는 다른 지지대를 찾습니다. 하느님 안에서 신뢰하는 일도 통상적으로 인간적인 신뢰 체험이 필요합니다. 그러나 때로 사람들에 대한 신뢰 결여는 하느님을 신뢰하도록 이끌어주기도 합니다. 적어도 누구나 신뢰할 수 있기를 바라고, 또 이러한 갈망을 품고 있습니다. 이렇게 신뢰를 갈망하는 가운데 이미 우리 안에서 신뢰가 시작되었습니다. 그러므로 중요한 사실은 신뢰를 얻는 것, 신뢰를 주고 강화하는 것입니다. 우리는 끊임없이 변해가는 세상에서 다른 사람들을 위해 신뢰의 보증인이 되어야 합니다. 이는 세상을 더 의미 있게, 그리고 더 낫게 만듭니다.

우리는 혼자가 아니다

모든 종교는 하느님(神)의 사자使者인 천사를 이야기합니다. 천사는 인간에게 자기가 가까이서 치유해 준다는 것을 알립니다. 고대 그리스인들 곁에는 신들의 사자로 날개 달린 헤르메스가 있었습니다. 대다수 종교에 따르면, 천사는 인간을 도와주고 치유하는 힘입니다. 신이 이 힘을 인간에게 보내는 것입니다.

    그리스도교 신학은 교부 시대부터 천사에 관한 이론을 전개했습니다. 그러나 현대 신학에서는 천사의 존재가 오랫동안 등한시되었습니다. 오늘날에는 많은 사람이 천사를 받아들이는데, 이는 인간이 초월적인 차원을 지각할 수 있기 때문입니다. 인간은 자신이 속한 냉혹한 직업 세계 안으로 다른 차원이 침투하기를 갈망합니다. 그는 안전하고 경쾌한 세상, 아름답고 희망이 가득한 세상을 갈망합니다. 천사는 인간이 주체적인 삶을 살기를 바라고, 쉽게 갈라지는 사랑이 아닌 진정한 사랑을 하기를 기원합니다. 천사는 인간에게 하늘을 열어줍니다. 많은 사람에게 하느님은 오히려 아주 멀리 계시고 이해할 수 없는 분입니다. 반면 천사는 우리가 사는 세상에서 하느님을 구체적으로 반사하는 빛입니다. 천사를 통해 인간은 자신의 영혼과 교류하고, 영혼의 창조적이고 치유하는 힘과도 교류합니다. 독일어로 '천사Engel'라는 말의 어원은 그리스어 '앙겔로스(*angelos*: 使者)'에서 나왔습니다. 아우구스티노 성인은 천사의 존재보다는 오히려 천사의 사명에 대해 생각해야 한다고 말합니다. 천사는 하느님의 사자입니다. 하느님께서 우리에게 천사를 보내십니다. 우리에게 어떤 소식을 전하라고, 우리를 보호하라고, 힘든 상황에서 우리를 도와주라고, 우리가 행복하게 살도록 필요한 지원을 해주라고 보내시는 것입니다. 천사는 피조물로서 체험할 수 있습니다. 천사는 눈으로 볼 수 있고, 또 느낄 수 있습니다. 천사는 적시에 우리 삶에 등장하는 사람, 곧 우리에게 복이 되는 그 무엇을 가리킵니다. 그는 눈앞이 캄캄할 때 우리를 구해주고, 우리에게 도움의 손길을 펼치는 사람일 수 있습니다. 전통에 따르면, 꿈의 전달자도 언제나 천사들입니다. 꿈에서 한 천사가 우리에게 이야기합니다. 우리는 꿈을 보고 묘사할 수 있으며, 생생하게 기억할 수 있습니다. 천사는 우리 영혼을 자극합니다. 다른 길을 가려는 즉각적인 생각이 어디서 오는지 우리는 모릅니다. 그리고 이 다른 길을 선택함으로써 우리가 살았다는 것을 나중에야 알아차립니다. 그러한 즉흥적인 생각은 하느님께서 우리에게 보내시는 천사입니다. 세상을 떠난 이들도 우리를 동반하는 천사가 될 수 있습니다.

천사는 인격적 힘입니다. 다시 말해 천사는 우리가 말하는 의미에서 사람이 아닙니다. 우리가 명확하게 정의하고 설명할 수 있는 개별적 존재도 아닙니다. 천사는 힘, 에너지입니다. 천사의 모습은 꾸며낸 것이 아닙니다. 천사는 우리에게 영향을 주고 우리의 인격과 만납니다. 이렇게 천사는 자기가 되어가는 과정, 참사람이 되어가는 과정에 있는 우리를 도와줄 수 있습니다. 천사는 우리의 인격을 보호하고, 우리를 내면 깊은 곳으로 데려가 우리의 인격과 교류하게 합니다. 천사는 우리 영혼과, 사랑과 자유의 내적 공간과 교류하게 합니다.

성경은 위급한 상황에 놓인 사람에게 도움을 주는 천사에 관해 전합니다. 하느님의 천사는 아이(이스마엘)의 목소리를 듣습니다(창세 21장). 주님의 천사는 체념한 엘리야를 다시 흔들고 일으켜 세웁니다(1열왕 19장). 또 주님의 천사는 불가마 속에 있는 세 젊은이 곁으로 내려와서, 가마 복판을 바람이 부는 것처럼 만들어 그들을 지켜줍니다(다니 3장). 라파엘은 남녀 관계, 부자 관계를 치유해 주는 천사입니다(토빗기). '누가 하느님과 같으냐?'라는 뜻의 이름을 지닌 미카엘 대천사는 우리를 위해 싸웁니다. 그 어떤 세속적인 세력도 우리를 덮치지 못하게 하고 하느님께서 우리를 해방시켜 주시기 위해서입니다. 가브리엘은 기쁜 소식을 전하는 천사로, 우리에게 한 아기의 탄생을 약속합니다. 그리고 우리 안에서 생겨나는 새로운 것을 우리에게 가리켜 보입니다. 신약성경에서는 특히 예수님의 탄생과 부활 장면에 천사가 등장합니다. 예수님의 탄생 소식을 알린 한 천사는 목자들의 삶에 기쁨을 선사합니다. 하느님을 찬미하는 천사들은 우리에게 존재의 가벼움을 알려줍니다. 이러한 이해를 바탕으로 바로크 예술은 성전 벽을 천사들로 장식해 놓았습니다. 예수님이 광야에서 유혹을 받으신 뒤에 천사들이 다가와 그분을 시중듭니다(마태 4,11). 그분이 겟세마니에서 기도하실 때에는 한 천사가 하늘에서 나타나 기운을 북돋아 드립니다(루카 22,43). 천사들은 예수님이 죽은 이들 가운데에서 되살아나셨다고 몇몇 여자들에게 말합니다. 죽은 라자로를 아브라함 곁으로 데려간 이도 천사들입니다. 천사들은 훗날 우리도 인자하신 하느님 품으로 데려갈 것입니다.

치유의 천사를 신뢰하라

라파엘은 치유의 천사입니다. 라파엘이란 이름은 '하느님이 낫게 하신다'를 의미합니다. 라파엘은 의사들의 수호성인이지만, 여행자들의 수호성인이기도 합니다. 구약성경을 보면, 라파엘은 청년 토비야와 동행하여 메디아로 가서 넉달 동안 함께 지냅니다. 우리가 라파엘 대천사를 존경하는 것은, 환자의 치유가 의사의 손에만 달린 게 아니기 때문입니다. 거기에는 언제나 하느님의 힘이 함께 작용합니다. 한 천사가 환자 옆에서 그를 실제로 낫게 합니다. 또한 여행자들의 보호자인 라파엘 대천사에 대한 존경은, 우리가 가는 길에 천사의 보호가 필요하다는 것을 말해줍니다. 우리는 혼자서 길을 갈 필요가 없습니다. 우리는 든든한 길동무를 갈망합니다. 그렇지 않으면 이 혼란스러운 세상에서 헤매기가 쉬울 것입니다.

라파엘은 우리의 관계를 치유해 주는 천사입니다. 이 천사는 남자와 여자의 관계, 자녀와 부모의 관계를 치유합니다. 토비야는 멀리 메디아에 사는 사촌에게 가서 아버지가 오래전에 맡겨 둔 돈을 받아 오라는 명을 받습니다. 그래서 이 위험한 여행에 동행할 사람을 구하려고 밖으로 나갑니다. 그때 라파엘 천사가 동행자로 나섭니다. 길을 가면서 천사는 토비야에게 그의 친척 라구엘과 그의 딸 사라에 관해 이야기합니다. 사라는 남자만 죽이는 마귀에 시달렸습니다. 사라는 일곱 번 혼인했는데, 혼인식을 치른 날 밤에 이미 일곱 남자가 모두 죽어버렸습니다. 이에 비추어 볼 때, 남자만 죽이는 마귀는 아버지에게 아주 단단하게 묶인 여자의 상황을 의미하며, 여자가 여전히 아버지에게 묶여 있으면 그녀 곁에 있는 남자는 살 수 없음을 나타냅니다.

라파엘은 이 마귀가 어떻게 추방되는지 보여줍니다. 라파엘의 말에 따라 토비야는 물에서 뛰어오른 커다란 물고기를 붙잡아 배를 가른 다음에 쓸개와 염통과 간을 빼내어 잘 간수합니다. 사라와 혼인식을 올린 뒤 함께 잠들기 전에 토비야는 먼저 하느님께 기도하고, 이어서 물고기의 간과 염통을 태웁니다. 염통(심장)은 사랑이 머무는 곳입니다. 그러나 우리의 사랑은 소유하려는 욕구와 통제하려는 마음이 혼재되어 있을 때가 숱합니다. 따라서 이 사랑은 태워져야 합니다. 다시 말해 정화되어야 합니다. 간은 과대 망상을 하는 기관입니다. 하늘의 불을 훔쳐 인간에게 준 프로메테우스는 바위에 묶인 채 날마다 독수리한테 간을 쪼아 먹히는 벌을 받습니다. 남자와 여자의 사랑에는 종종 과도한 이상이 섞여 있습니다. 그들은 사랑의 감정에 빠져 영원한 믿음을 맹세합니다. 그러나 얼마 지나지 않아 이러한 사랑의 충일함은 느껴지지 않을 정도로 사라지고 맙니다. 이렇게 이상화된 사랑은 태워져야 합니다. 그래야 사랑이 밋밋한 일상을 극복할 수 있습니다. 천사의 치유 방식은 성공적입니다. 두 사람은 함께 밤을 보내고, 행복한 부부가 됩니다.

토비야와 사라는 천사와 함께 집으로 돌아갑니다. 토비야가 아버지 눈에 물고기 쓸개를 바르자 눈이 불타기 시작합니다. 토빗이 쓰라린 눈을 문지르자 눈의 하얀 막이 벗겨지고, 그는 다시 볼 수 있게 됩니다. 쓸개는 공격성의 장소로 알려져 있습니다. 아들은 아버지에게서 풀려나야 합니다. 공격성은 자립하기 위한 힘이고, 아버지와 적절한 거리를 두기 위한 힘입니다. 이러한 거리가 생겨야 비로소 아버지와 건강한 관계를 맺을 수 있습니다. 이 말은 어머니와의 관계에도 적용됩니다. 자녀는 부모에게서 풀려나야 합니다. 그래야만 부모에게서 물려받은 튼튼한 뿌리에 대해 감사할 수 있습니다.

많은 심리학자가 우리 시대의 큰 병으로 건강한 관계 맺음의 어려움을 말합니다. 이혼율이 증가하고 있습니다. 남자와 여자는 지속적으로 좋은 관계를 유지하는 것을 점점 더 힘들어합니다. 갈등과 일상의 무거운 짐으로 인해 사랑이 식어갑니다. 그런 부부는 서로 아무것도 말할 수 없으며, 사랑은 떠났고, 풍요로운 관계가 더 이상 불가능함을 어느 순간 알아채게 됩니다. 오늘날 우리에게는 라파엘 천사가 필요합니다. 라파엘은 위기에 봉착한 많은 관계를 치유합니다. 라파엘은 사랑을 비롯해 온갖 흐리고 뒤섞인 감정들을 정화합니다. 각자 상대방을 있는 그대로 받아들일 수 있게 하려는 것입니다.

우정과 사랑, 결혼이 오늘날 위기에 빠졌습니다. 관계는 우리의 노력 없이는 치유되지 않습니다. 그러나 우리의 관계가 다시 조화를 이룰 수 있도록 우리의 천사가 길을 제시할 것입니다.

희망의 증인들

성인들은 완벽한 사람들이 아닙니다. 그들은 자신의 온갖 실수와 약점을 하느님께 개방한 사람들이며, 자신의 어두운 면을 하느님의 빛으로 빛나게 한 사람들입니다. 성인들은 잘못을 저지르지 않았던 것도 아니고, 언제나 정신적으로 완전히 건강한 상태에 있지도 않았습니다. 우리와 마찬가지로 성인들도 자신의 잘못과 약점 앞에 괴로워했습니다. 그러나 성인들은 있는 그대로의 자신의 모습을 인정하며, 각자의 방식으로 하느님을 섬겼습니다. 그들은 자신에게서 치유의 힘이 나간 것은 자기 공로가 아니라, 하느님의 업적임을 자각했습니다. 그러므로 성인들은 삶의 완성과 우리의 갈망이 이루어지리라는 희망의 표지입니다.

우리는 각자 이름을 가지고 있습니다. 서양에서는 가톨릭 전통에 따라 부모가 자녀에게 줄 이름을 성인들 이름

중에서 찾습니다. 그렇게 선택한 성인은 자녀의 수호성인이 됩니다. 저는 저의 수호성인을 비롯한 여러 성인들의 이야기를 묵상하면서 저 자신을 더 잘 알게 되었습니다. 또한 지금까지 간과한 저의 면면을 발견하게 되었습니다. 저는 이전보다 더 제게 가능성이 있다는 것을 믿습니다. 저는 제 본모습과 교류합니다. 이때 성인들이 본보기가 됩니다. 우리는 성인들을 통해 자신의 모습을 더 선명하게 볼 수 있습니다. 성인들은 우리 자신을 조건 없이 받아들이도록, 우리의 어두운 면뿐만 아니라 밝은 면도, 우리 안에 숨어 있는 능력과 가능성도 받아들이도록 용기를 줍니다. 성인들은 우리의 갈망을 신뢰하고 그것을 따라가도록 북돋아 줍니다.

깊이 신뢰하며 살기

4장

두려움이냐 신뢰냐?

두려움과 신뢰, 이 두 가지 요소는 우리 안에 공존합니다. 자신 안에 두려움만 지니거나 신뢰만 지닌 사람은 아무도 없습니다. 그렇지만 우리는 숱하게 두려움에 매입니다. 두려움은 정당성을 가지고 있습니다. 우리에게 두려움이 없다면 자신의 한도를 모르게 될 겁니다. 두려움은 우리에게 실제적 위험을 알려주고, 위험에 맞서 자기를 지키도록 우리 안에서 힘을 가동시킵니다. 두려움은 또 자신의 한계를 수용하도록 우리를 항상 초대합니다. 그렇지만 우리를 꼼짝 못 하게 하는 두려움도 있습니다. 우리는 두려움을 단순히 억누를 수 없습니다. 대신, 두려움과 대화하는 것이 더 효과적입니다. 그러고 나면, 두려움이 잘못된 기본 전제에 대한 우리의 관심을 어디로 끌어당기는지 알게 될 것입니다. 두려움은 우리가 결코 실현하지 못할 이상적인 자아상自我像을 세웠다고 우리에게 알려줄 것입니다. 혹은 두려움은 다른 사람들에게 거부당하기 때문에 실수해서는 안 되며, 자신이 쓸모없는 존재라고 여겨지기 때문에 웃음거리가 되어서는 안 된다는 기본 전제에 우리를 주목시킵니다. 또 다른 형태의 두려움들은 우리 인간의 본질을 알려줍니다. 우리는 병과 죽음에 대한 두려움을 근절할 수 없습니다. 그러나 두려움은 병과 죽음을 뛰어넘는 참된 자기에게로 우리를 이끌어줍니다.

이렇듯 개인적 차원에서 겪는 두려움들 외에도 우리는 세상의 미래에 대한 두려움, 전쟁과 테러에 대한 두려움, 조직화된 범죄 세력에 대한 두려움, 고령화 사회에 대한 두려움, 증가하는 환경 파괴에 대한 두려움 등을 느낍니다. 이러한 두려움들은 정당합니다. 이러한 두려움들은 우리가 사는 세상에 부정적인 영향을 미치는 추세에 맞서고, 선을 위해 싸울 힘을 우리 안에 가동시켜 주려 합니다. 그러나 그저 두려움 때문에 이렇게 싸워서는 안 되겠지요. 결국, 선은 악보다 강하다는 신뢰, 악의 세력이 잠재되어 있고 곳곳에 위험이 도사리고 있더라도 세상은 하느님의 손안에 있다는 신뢰가 필요합니다. 두려움 자체는 결코 좋은 조언자가 아닙니다. 긍정적 관점에서 볼 때, 두려움은 힘을 가동시킬 수 있습니다. 그러나 그 힘을 올바른 방향으로 돌리기 위해서는 신뢰가 필요합니다. 자기 자신과 세상을 포기하지 않고 밝은 미래를 그리기 위해서도 신뢰와 희망이 필요합니다. 우리가 밝은 미래를 꿈꿀 수 있는 것은, 미래가 하느님의 손안에 있기 때문입니다.

남들을 지나치게 신뢰한 탓에 종종 이용당하는 사람들이 있습니다. 신뢰하려면 다른 사람이나 상황을 현실적으로 평가하는 것도 필요합니다. 그러나 기본 태도인 신뢰는 내가 진실하고 행복하게 살기 위한 전제 조건입니다. 그런 신뢰는 자신에게 단순히 명령한다고 해서 얻을 수 없습니다. 아마도 부모를 통해서 내게 주어진 근원적 신뢰가, 나의 인생 경험을 통해서 자라고 강화되었을 겁니다. 나는 내 안에 신뢰와 확신이 강화되도록 노력할 수 있습니다. 내가 살아온 삶에서 신뢰가 결여되었다는 것이 감지된다면, 하느님이 나를 받쳐주신다는 믿음이 이러한 부족을 메우거나 극복하게 할 수 있으며 나의 신뢰를 강화시킬 수 있습니다.

누가 문을 여는가?

두려움은 걱정의 자매입니다. 우리는 많은 걱정을 합니다. 우리에게 과도한 요구를 하는 그 무엇이 등장할까 두렵기 때문입니다. 중국 속담에서는 이를 두려움이 우리 영혼의 문을 두드린다고 표현합니다. "두려움이 문을 두드린다. 신뢰의 문은 열려 있다. 문밖에 서 있는 사람은 아무도 없다." 대다수 사람들은 두려움이 문을 두드리면 걱정을 문 가까이로 보내어 그 문을 열려고 할 것입니다. 이는 우리 안에 있는 신뢰를 번번이 쫓아내는 것입니다. 우리는 신뢰의 문에 다가갈 용기가 없습니다. 이 중국 속담은 온갖 두려움에도 불구하고 우리 안에 있는 신뢰의 문을 열도록 우리를 초대합니다.

우리 가운데 두려움만 지닌 사람은 없습니다. 신뢰만 지닌 사람도 없습니다. 우리는 항상 이 둘을 지니고 있습니다. 어느 문을 열 것인지는 우리 각자가 결정할 일입니다. 신뢰의 문을 열면 해방되는 경험을 할 수 있을 것입니다. 문밖에 서 있는 사람은 아무도 없습니다. 두려움만이 우리 영혼의 문을 두드렸습니다. 그러나 실제 세상에서 우리 영혼의 문을 두드린 사람은 아무도 없습니다.

완전히 무너졌음에도 불구하고

우리는 신뢰하는지 신뢰하지 않는지에 상관없이, 살면서 위기를 거듭 겪습니다. 신뢰는 위기 앞에서 우리를 보호해 주지 않습니다. 그러나 중요한 것은 위기 중에도 신뢰를 꽉 붙드는 것이겠지요. 위기는 내가 지금까지 붙들고 있었던 것을 가져갑니다. 내가 붙들고 있었던 것은 어떤 사람이었거나, 또는 나의 건강, 나의 지성, 문제를 풀고 삶을 주도하는 나의 능력이었을 겁니다. 이렇게 붙들었던 것은 위기로 인해 무너지거나 부수어집니다. 여기서 이런 물음들이 고개를 쳐듭니다. "나 자신이 그렇게 부수었을까?" "내 삶이 무너진 뒤에야 나를 지탱해 준 토대를 내 안에서 발견할 수 있는 걸까?" 신뢰는 나에게 굳건한 토대를 선사합니다. 이때 신뢰는 다양한 차원을 지닙니다. 먼저, 내가 본성적으로 지닌 신뢰가 있습니다. 이러한 신뢰는 문제를 풀고 위기를 지나가게 해줍니다. 때로는 힘들었던 상황이 있음에도 지금까지 항상 극복해 왔다는 신뢰도 있습니다. 또는 나는 홀로 내버려지지 않는다는 것, 사람들이 내 편을 들어준다는 것을 신뢰합니다. 그리고 나는 위기를 통해 하느님께로 향하게 될 것을 신뢰합니다. 나는 하느님께서 위기를 겪는 나를 받쳐주심을, 모든 외적인 것이 와르르 무너지더라도 하느님은 내가 그 위에 설 수 있는 더 단단한 토대이심을 신뢰합니다.

우리는 통상적으로 신뢰를 두려움과 반대되는 것으로 여깁니다. 그렇지만 두려움 안에도 하나의 신뢰가 있습니다. 위기는 내게 두려움을 안겨줍니다. 나는 위기를 극복할 수 있을지, 위기에서 빠져나올 길이 있는지 알지 못합니다. 신뢰는 단순히 두려움을 몰아내지 않습니다. 두려움은 내 안에서 거듭거듭 모습을 드러낼 것입니다. 그러나 나는 두려움이 내 안의 유일한 감정이 아니라는 것, 오히려 두려움 아래서도 신뢰의 샘이 내 안에서 흐른다는 것을 믿습니다. 이제 두려움은 나를 불안하게 하는 것을 바라보면서 더 깊이 들어가도록, 신뢰가 이미 깃들어 있는 영혼 깊은 곳으로 돌진하도록 나를 초대합니다. 믿음은 이러한 신뢰로 가는 길입니다. 수도자들은 두려워하는 가운데서도 자신 안에 있는 신뢰와 교류하도록 구체적인 길을 제시합니다. 그들은 두려움 중에도 시편 118편에 나오는 말씀을 되뇌라고 권고합니다. "주님께서 나를 위하시니 나는 두렵지 않네. 사람이 나에게 무엇을 할 수 있으랴?"(시편 118,6). 이때 중요한 점은 두려움을 몰아내는 것이 아니라, 두려워하는 가운데서도 내 안에 있는 신뢰와 교류하는 것입니다. 성경 말씀은 내 안에 있지만 종종 꿈쩍하지 않는 신뢰를 강화시켜 줍니다. 그리하여 점점 더 영혼과 마음을 관통하면서 내게 이런 생각을 불러일으킵니다. '그래, 나는 혼자가 아니다. 나는 두려워하는 중에도 신뢰할 수 있다.'

온갖 곤경 중에도

예수님의 제자들이 배를 타고 호수를 건너고 있습니다. 그런데 갑자기 맞바람이 불어서 배가 이리저리 흔들립니다. 예수님은 새벽녘에 호수 위를 걸어 그들 쪽으로 가십니다. 제자들은 그 모습을 보고 예수님을 유령이라 여기고, 겁에 질려 소리를 지릅니다. 그러자 예수님이 그들에게 말씀하십니다. "용기를 내어라. 나다. 두려워하지 마라"(마태 14,27). 그리스어 성경에는 이 대목에 '타르세이테*tharseite*'라는 특이한 단어가 나옵니다. '크게 용기 내다, 신뢰하다, 용기를 내어 다가가다'를 의미합니다. 플라톤은 '신뢰한다'라는 단어의 의미를 죽음의 관점에서 이야기합니다. 독배를 마셔야 했던 스승 소크라테스와 나눈 대화에서 그는, 영혼의 불멸을 믿는 사람은 죽음을 두려워하지 않고 오히려 용기를 내어 죽음을 향해 나아갈 수 있다고 합니다. 신약성경에서는 이 말이 예수님의 입에서 여러 번 나옵니다. 예수님은 중풍 병자에게 말씀하십니다. "애야, 용기를 내어라. 너는 죄를 용서받았다"(마태 9,2). 하혈하는 부인에게는 이렇게 말씀하십니다. "딸아, 용기를 내어라. 네 믿음이 너를 구원하였다"(9,22). 예수님은 당신이 신뢰하시는 사람들에게 그러한 신뢰의 토대를 선사하십니다. 그렇기 때문에 그들은 두려워할 필요가 없습니다. 예수님은 그 자리에 계심으로써 사람들에게 신뢰를 주십니다. 이렇게 그들을 고무시켜 주십니다. 그분에게서 나오는 빛이 두려움을 몰아내고, 사람들이 그들 안에 있는 신뢰와 교류하게 합니다.

예수님은 요한복음서의 한 중요한 대목에서 위 말씀을 이용하십니다. "너희는 세상에서 고난을 겪을 것이다. 그러나 용기를 내어라. 내가 세상을 이겼다"(요한 16,33). 요한복음서는 여기서 비교秘敎(밀교密敎) 의식을 끌어들이는 것처럼 보입니다. 비교 의식에서는 '타르세이테'라는 말이 의식을 거행하는 사제들에게도 적용되었습니다. 비교 의식에서는 악의 세력에 의해서 패배하지만, 결국엔 승리자가 되는 어느 신(하느님의 아들, 예수 그리스도와 유사한)의 운명을 기립니다. 신이 구제되었으니 비교 의식을 거행하는 사제들은 온갖 고난을 극복한 그 신의 승리에 동참합니다. 우리 그리스도인은 세상을 이기신 예수님의 승리에 동참합니다. 세상의 기준은 더 이상 우리에게 힘을 행사하지 못합니다. 그렇기 때문에 우리는 용기를 낼 수 있습니다. 그리스도 안에서 우리를 위태롭게 할 만한 것은 아무것도 없습니다. 우리를 깊은 곳에 빠뜨리려는 풍랑조차 우리에게서 신뢰를 가져갈 수 없습니다. 이 세상의 억압 속에서도 예수 그리스도께서 우리 곁에 서 계시니까요. 베드로에게 그러셨듯이 그분은 우리 손을 잡으시고 이렇게 말씀하십니다. "용기를 내어라. 내가 네 곁에 있다."

두려워하지 마라

두려움은 죽어서 하느님께 갈 때까지 우리와 함께할 것입니다. 그러나 더 이상 우리를 손아귀에 넣지 못할 것입니다. 두려움 중에도 우리는 "두려워하지 마라"라는 예수님의 말씀을 늘 듣습니다. 이 말씀은 우리에게 위로와 용기를 주고 우리를 해방시켜 줍니다. 어느 성경 주석가는 이 말씀이 성경에 365번 나온다고 설명했습니다. 이는 저에게 아름다운 표상입니다. 이는 우리의 두려움을 가져가시겠다고 하느님께서 매일 약속해 주시는 것입니다. 그러나 또한, 성경은 날마다 두려움이 우리를 덮치거나 우리의 무의식 깊은 곳에서 올라올 수 있다는 것도 고려합니다. 그러므로 우리가 날마다 해야 할 일은 두려움을 직면하는 동시에, 예수 그리스도의 시선에서 바라보고 용기를 주시는 하느님의 말씀을 신뢰하며 변화하는 것입니다.

우리에게 신뢰를 선사하는 것

우리가 지닌 두려움은 우리가 세상과 맺는 관계와 긴밀한 연관성이 있습니다. 우리는 세상을 잃는 게 두렵습니다. 그래서 우리와 세상을 연결시켜 주는 것, 가령 소유와 성공, 관심과 인정, 건강과 힘을 잃을까 두려워합니다. 또한 우리가 세상에서 유한한 삶을 산다는 것도 두렵습니다. 우리는, 세상이 우리의 무한한 갈망의 세계를 완성시켜 줄 수 없음을 지각합니다. 갈망의 세계는 우리에게 안전과 지지대를 제공합니다. 그리고 우리의 공로는 보답을 받는다는 것, 우리가 행한 일은 인정받는다는 것을 약속해 줍니다. 동시에 우리는, 갈망의 세계의 그러한 약속을 세상은 수용하지 않는다는 것을 경험합니다. 우리와 연결된 세상의 모든 것은 무너지거나 부서지기 쉽습니다. 우리 몸은 다칠 수 있습니다. 우리가 소유한 것은 잃을 수 있습니다. 우리는 죽을 때 재산을 가져갈 수 없습니다. 회의적인 설교자 코헬렛은 이미 우리에게 그렇게 말합니다. 성공과 만족, 소유와 안전을 위해 온갖 수고를 한 뒤에 그는 이렇게 고백할 수밖에 없습니다. "보라, 이 모든 것이 허무요 바람을 잡는 일이다"(코헬 1,14).

요한복음서에서 예수님은 두려움을 우리가 세상 안에 존재함과 연결 지으십니다. "너희는 세상에서 고난을 겪을 것이다. 그러나 용기를 내어라. 내가 세상을 이겼다"(요한 16,33). 성경 주석가 요하네스 슈나이더Johannes Schneider는 이 대목에서 영지주의자들의 존재 체험을 끌어들이는 것 같습니다. 영지주의자들은 세상에서 달아나기를, 그리고 자신들이 세상 안에 있는 것과 긴밀히 연관된 근본적인 두려움에서 벗어나 안정된 상태에서 살고 깨달음을 얻기를 갈망했습니다.

요한복음서에서 우리는 두려워하지 않으시는 예수님의 모습을 볼 수 있습니다. 그분은 눈앞에서 우리를 이끄십니다. 그분은 하느님 안에서 쉬십니다. 그분은 하느님 안에서 온갖 인간적 두려움을 극복하셨습니다. 이렇게 예수님은 온갖 인간적 위험을 극복하시고, 당당한 분으로서 수난의 길도 가십니다. 그분은 하느님 안에서 중심을 찾으셨습니다. 그러므로 빌라도 같은 사람도 그분을 쓰러뜨릴 수 없습니다. 형리들조차 그분께 해를 끼칠 수 없습니다. 그분의 몸만 죽일 따름입니다. 그러나 그분은 그들에게 당하는 참혹한 죽음을 아버지께 가는 길로만 이해하실 것입니다. 예수님은 당신 안에서 두려움을 극복하셨습니다. 그러므로 그분은 믿음 안에서 두려움을 극복하도록 우리를 초대하십니다. 예수님을 바라보면서 나의 두려움에 달리 대응할 수 있습니다. 두려울 때에는 혹시 내가 세상에 의존하는지, 세상과 세상의 기준에 따라 나의 존재를 규정하는지 늘 자문해야 합니다. 두려움에서 벗어나는 길은 세상의 속박으로부터 해방되는 것입니다.

나를 조건 없이 받아들이는 사람, 나를 평가하거나 판단하지 않고 있는 그대로 나를 인정하는 사람과의 인격적 만남을 통해서 하느님의 절대성에 관해 알게 됩니다. 하느님은 '나'라는 존재의 궁극적 근원이십니다. 그분은 내면 깊은 곳에서 나의 두려움을, 나 자신에 대한 두려움을 가져가십니다. 예수 그리스도의 인격 안에서, 하느님의 '너'가 우리를 위해 유일무이한 방식으로 밝게 빛납니다. 예수님은 자비하신 하느님 안에서 우리 인간에게 절대적 신뢰를 전해주셨습니다. 자비하신 하느님은 우리가 안고 있는 심각한 두려움을 가라앉혀 주고자 하십니다. 예수님은 이 때 인간의 무의식 깊은 곳에 다가가시어, 두려움의 근원을 건드리고 밝히는 전형적 표상과 상징을 사용하십니다.

예수님은 세상을 이기셨다고 요한복음서가 우리에게 말합니다. 예수님은 이 세상의 기준에 따를 수 없으셨습니다. 그분은 아버지이신 하느님을 깊이 신뢰하셨습니다. 이는 그분을 세상의 권세로부터 벗어나 자유롭게 했습니다. 예수님은 세상을 꿰뚫어 보셨고, 세상의 약속이 공허함을 밝혀내셨으며, 당신이 지상에 머무시는 이유를 하느님 아버지 안에서 아셨습니다. 믿음 안에서 우리는 예수님이 이렇게 두려움을 극복하신 일에 참여합니다. 그러면서 세상을 뛰어넘습니다. 우리는 여전히 세상 안에 있지만, 더 이상 세상의 지배를 받지 않습니다. 우리의 가장 깊은 근원이 하느님 안에 있기에, 세상은 우리에게 힘을 행사하지 못합니다. 세상은 우리에게 더 이상 두려움을 줄 수 없습니다. 믿음 안에서 우리는 세상을 다른 눈으로 바라봅니다. 그런 가운데 사물의 근원, 본질을 바라봅니다. 그리고 모든 것 안에서 종국엔 하느님을 바라봅니다. 따라서 우리는 세상 안에 있지만 세상의 지배를 받지 않습니다. 모든 것이 하느님에 의해서 채워져 있다면, 세상은 우리를 두렵게 하지 못할 것입니다. 그리고 우리는 세상 안에서 하느님을 만날 것입니다. 요한복음서에 따르면, 자유 안에서 세상에 맞설 때 그리고 세상이 믿음을 통해 변화될 때 두려움을 극복할 수 있습니다. 하느님께서 친히 예수 그리스도를 통하여 이 세상에 오셨음을 우리는 믿음 안에서 압니다. 하느님에 의해서 채워진 이 세상은 우리에게 고향이 됩니다. 그렇지만 세상 한가운데 가장 깊숙이 있는 고향은, 우리가 하느님 안에 근원을 두고 있음을 아는 것을 의미합니다. 하느님 안에 있는 것, 이것이 우리로 하여금 두려움에서 벗어나게 하고 우리에게 참된 자유를 선사합니다.

우리 안에 감춰져 있는 것

예수님은 언젠가 다음과 같은 말씀으로 시작하시면서 제자들을 가르치셨습니다. "그러니 너희는 그들을 두려워하지 마라. 숨겨진 것은 드러나기 마련이고 감추어진 것은 알려지기 마련이다. 내가 너희에게 어두운 데에서 말하는 것을 너희는 밝은 데에서 말하여라. 너희가 귓속말로 들은 것을 지붕 위에서 선포하여라"(마태 10,26-27). 예수님은 제자들이 처한 상황에 비추어 이렇게 말씀하십니다. 그러나 이 말씀을 우리가 일상에서 느끼는 두려움과도 연관 지어 볼 수 있습니다. 이 말씀에서 관건은 우리 안에 감춰져 있는 것에 대한 두려움입니다. 많은 사람이 내면을 바라보기를 두려워합니다. 그들은 거기서 악한 것만 마주할 거라고 생각합니다.

예수님은 이러한 두려움을 물리치는 방법을 제시하십

니다. "네 안에 숨겨져 있는 것은 어쨌든 드러나기 마련이다." 뭔가를 숨기거나 감추는 것은 바람직하지 않습니다. 하느님은 그것을 나에게 드러내 보이실 것입니다. 그러나 다른 사람들에게도 그렇게 하실 것입니다. 하느님께는 어둠 속에 있는 것이 아무것도 없습니다. 시편 139편이 이미 이렇게 말합니다. "'어둠이 나를 뒤덮고 내 주위의 빛이 밤이 되었으면!' 하여도 암흑인 듯 광명인 듯 어둠도 당신께는 어둡지 않고 밤도 낮처럼 빛납니다. 정녕 당신께서는 제 속을 만드시고 제 어머니 배 속에서 저를 엮으셨습니다. 제가 오묘하게 지어졌으니 당신을 찬송합니다"(시편 139,11-14). 하느님이 내 속을 아심은 위협적인 게 아닙니다. 그분이 내 속을 만드셨고 나를 오묘하게 지으셨기 때문입니다. 그러므로 하느님께는 내 안에 있는 어둠이 밝습니다. 그것은 그렇게 있어도 됩니다. 내 안에 있는 어둠도 좋기 때문입니다.

우리는 될 수 있는 대로 어둠을 쫓아내려 하지만, 예수님은 어두운 데에서 우리에게 이렇게 말씀하십니다. "내가 너희에게 어두운 데에서 말하는 것을 너희는 밝은 데에서 말하여라"(마태 10,27). 예수님은 내가 어둠 속에 있을 때 내 곁에 계십니다. 멀리 계신 것 같지만, 하느님이 특히 가까이 계신 곳이 어둠입니다. 어두운 곳에서 하느님은 내 마음에 말씀하시고, 내 안의 모든 것을 당신 사랑의 빛으로 비추십니다. 그분은 내 안에 무엇이 있는지 아시고, 그것을 나에게 드러내 보이십니다. 그러므로 나는 그것을 나 자신 앞에서, 그리고 다른 사람들 앞에서 더 이상 감출 필요가 없습니다. 내 안에 있는 모든 것은 예수님의 빛에 잠겼습니다. 따라서 그것은 위험한 게 아닙니다. 나는 곧 폭발할 듯이 어둠 속에서 부글부글 끓어오르는 화산을 두려워할 필요가 없습니다. 예수님께서 친히 이 어둠 속으로 내려가셨습니다. 그 어둠을 당신의 빛으로 비추기 위해서입니다. 그분은 어둠 속으로 내려가시어 "하느님의 나라가 가까이 왔다"라고 말씀하셨습니다. 내 안에 어둠이 있을 때에도, 나를 두렵게 하는 것을 내가 바라보고 싶지 않을 때에도 하느님은 내 곁에 계십니다. 그곳에 하느님의 나라가 있습니다. 그곳에서도 하느님은 내 안에 머물고자 하십니다. 하느님이 어둠 속에 계시더라도, 나는 더 이상 두려워할 필요가 없습니다. 이제 나는 나를 두렵게 하는 것을 바라볼 수 있습니다. 나는 내 안의 모든 것과 함께 내가 받아들여졌음을 압니다. 이는 내 안의 온갖 불쾌한 것을 감춰야 한다는 압박으로부터 나를 해방시킵니다. 그것은 하느님의 빛에 잠겼습니다. 하느님의 빛은 내 영혼의 모든 심연을 비춥니다. 그러므로 나는 깜짝 놀라지 않고 이 심연을 들여다볼 수 있습니다. 하느님의 빛이 내 안에 있기에 놀라지 않고 내면을 바라볼 수 있다면, 나는 더 이상 나의 본모습을 두려워하지 않고 행복해질 수 있습니다.

위험이 자라는 곳에

예수님 시대에도 종말에 대한 공포라고 표현할 만한 무서운 분위기가 감돌았습니다. 루카가 전하는 바에 따르면, 예수님은 그 시대의 세상 몰락에 대한 두려움을 어떻게 극복할 수 있을지 말씀하십니다. "그리고 해와 달과 별들에는 표징들이 나타나고, 땅에서는 바다와 거센 파도 소리에 자지러진 민족들이 공포에 휩싸일 것이다. 사람들은 세상에 닥쳐오는 것들에 대한 두려운 예감으로 까무러칠 것이다. 하늘의 세력들이 흔들릴 것이기 때문이다"(루카 21,25-26). 그리스어 성경에는 이 대목에 '아포프쉬코(*apopsychoo*: 숨이 멎다, 죽다)'라는 단어가 나옵니다. 두려움은 숨을 쉴 수 없게 만듭니다. 두려움은 실제로 숨을 멎게 하거나 우리의 생명을 완전히 앗아갑니다. 루카는, 천재지변과 바다의 거센 파도를 바라볼 때 우리는 놀라서 숨을 쉴 수 없다고 여깁니다. 이러한 두려움이 오늘날에도 당시와 똑같이 실제로 존재합니다. 많은 사람에게 지진, 홍수, 악천후는 세상 종말의 징후로 다가옵니다. 그들은 이 모든 게 생명을 앗아 갈 대참사로 끝날 것이라며 두려워합니다.

예수님은 그러한 종말에 대한 공포에 어떻게 대응하실까요? 이러한 두려움에 빠진 사람들에게 그분은 위로의 말씀을 하십니다. "이러한 일들이 일어나기 시작하거든 허리를 펴고 머리를 들어라. 너희의 속량이 가까웠기 때문이다"(루카 21,28). 우리는 참사를 두려워해서는 안 됩니다. 참사는 오히려 속량의 시작입니다. 그것을 어떻게 이해할 수 있을까요?

예수님은 우선 당시 시대에 비추어 그렇게 말씀하셨을 것입니다. 세상이 점점 더 나빠진다면, 이는 사람의 아들이 오심을 보여주는 한 징후입니다. 사람의 아들이 영광스럽게 오신다면, 사람들은 구원받고 죄에서 풀려날 것입니다. 그분의 오심으로 온갖 곤경에서 풀려나고, 이로써 두려움에서도 풀려나게 됩니다.

우리는 예수님의 이 말씀을 다르게도 이해할 수 있습니다. 대참사와 우리의 두려움을 바라보지 말고, 허리를 펴고 위를 바라보아야 합니다. 하느님으로부터, 하늘로부터 우리의 구원이 옵니다. 하늘에서 우리는, 우리를 둘러싼 세상을 달리 봅니다. 우리는 비좁은 시야를 뛰어넘어 바라봅니다. 그런 가운데 우리를 붙잡아 주는 선한 힘을, 우리를 구원하시고 치유해 주시는 하느님을, 십자가에 못 박혀 돌아가시면서 우리의 구세주가 되신 예수 그리스도를 인식할 수 있습니다.

예수님이 하신 위 말씀의 세 번째 의미는 온갖 곤경 안에서 구원이 시작된다는 사실과 연관 지을 수 있습니다. 우리가 몰락을 두려워할 때 이미 구원이 시작됩니다. 독일의 시인 횔덜린Hölderlin은 그것을 다음과 같은 널리 알려진 말로 표현했습니다. "위험이 자라는 곳에 구원이 자란다." 믿음을 바라보는 것은 한밤중에도 이미 낮의 시작을 바라보는 것이고, 위기 중에 있더라도 이미 변화의 시작을 바라보는 것입니다. 그리고 두려움에 휩싸이더라도 이미 우리 안에 숨어 있는 신뢰의 힘을 바라보는 것입니다.

루카는 예수님의 '영광스러운 변모' 이야기에서, 극심한 곤경 중에 두려움이 바뀐다는 메시지를 전해줍니다. 예수님이 제자들을 데리고 기도하시러 밤에 산에 오르십니다. 그렇게 하는 게 익숙하신 듯, 예수님은 밤에 기도하십니다. 그동안 제자들은 잠자고 있습니다. 그러다가 이윽고 잠에서 깨어나 예수님의 영광을 봅니다. 그분 옆에 서 있는 엘리야와 모세도 봅니다. 예수님이 기도하시는 동안 얼굴 모습이 달라지고 의복은 하얗게 번쩍입니다. 제자들은 이렇게 빛나시는 주님을 체험했음에도 구름 속으로 들어가자마자 더럭 겁을 냅니다(루카 9,34). 이어 구름 속에서 하느님께서 다음과 같이 하시는 말씀이 울려 퍼집니다. "이는 내가 선택한 아들이니 너희는 그의 말을 들어라"(9,35).

이 이야기가 약속하는 바는 이렇습니다. 변화는 밤에 일어난다는 것입니다. 가장 어두운 곳에서 하느님의 빛이 가장 밝게 빛납니다. 이것을 알고 있음에도 우리는 구름이 우리를 덮을 때마다, 병이라는 구름, 일자리를 잃거나 힘든 상황으로 인해 겪는 위기라는 구름이 우리를 덮을 때마다 두려움에 빠집니다. 그러면 제자들처럼 우리에게도 하느님의 목소리를 듣는 일 외에는 아무것도 남아 있지 않습니다. 하느님의 목소리는 어두운 밤에 구름이 시야를 가리는 것처럼 보이더라도 예수님이 우리 곁에 계신다고 선포합니다. 우리가 두려움 중에도 그분의 말씀을 듣는다면, 밤중에도 그분이 오심을 믿는다면, 우리에게도 어둠은 빛이 되고 곤궁은 구원이 될 것입니다. 두려움이나 곤경 중에도 우리는 바라보아야 합니다. 그러면 (루카가 그렇게 생각하듯이) 바로 이 순간에 우리에게 오시는 예수님을 알아보게 됩니다. 예수님은 늘 우리에게 오시고 우리에게 구원을 약속하십니다. 그분이 오시면 구원이 이루어집니다. 그리고 우리는 두려움이라는 사슬에서 풀려나고 마음도 넓어집니다.

희망을 위해 결정 내리기

신약성경은 갈망에 관해서는 드물게 이야기하는 반면, 희망에 관해서는 자주 이야기합니다. 갈망은 인간을 움직입니다. 신학적 전통에 따르면, 희망은 하느님이 선사하신 덕목이며 하느님이 우리에게 주실 수 있는 힘입니다. 희망은 이 세상을 형성합니다. 하느님께서 이 세상을 위해 하나의 미래를 준비해 놓으셨다고 믿기 때문입니다. 희망은 사람들을 향한 헌신이 의미가 있음을 믿습니다. 희망은 하느님이 사람들을 위해 밝은 미래를 준비해 놓으셨음을 전적으로 확신합니다. 그러나 동시에 희망은 압니다. 우리가 세상을 위해 품은 의도가 더 숭고한 활동으로 이어진다는 신뢰에 의해서 유지되지 않으면, 그 의도는 수포로 돌아간다는 것을 알고 있습니다.

희망은 갈망과 유사합니다. 그렇지만 희망은 뭔가 다릅

니다. 희망은 미래에 대한 신뢰, 즉 미래는 하느님의 손안에 놓여 있고 하느님은 우리의 깊은 갈망을 채워주신다는 신뢰로 표현됩니다. 그리고 희망은 하느님께서 우리에게 당신의 약속을 실현시켜 주실 때까지 인내하는 점을 포함합니다. 갈망은 나의 원의와 상관없는 단순한 것입니다. 나는 희망을 위해 의식적으로 결정해야 합니다. 희망은 내가 일궈야 하는 덕목입니다. 세상이 몰락으로 나아간다고 여기는 비관적 태도에 맞서, 희망은 하느님께서 세상과 인류를 완성으로 이끄신다는 것, 이러한 생각이 인간적 상상을 깨뜨리더라도 그렇다는 것을 믿습니다. 십자가는 몰락하더라도 새로운 삶이 빛나리라는 희망을 보증합니다.

살아 있을 때와 죽을 때

인간은 누구나 언젠가는 죽음에 대한 두려움과 대결하게 됩니다. 인간이 지닌 근원적 두려움을 몰아내는 것은 무의미합니다. 우리는 이러한 두려움에 대응하는 법을 배워야 합니다. 죽음과 함께 실제로 모든 게 끝나는지, 죽음이 최종적인 결론인지 아니면 새로운 삶으로 나아가는 통로에 불과한지 자문하는 가운데 그렇게 할 수 있습니다.

　죽음은 자신의 본모습과 대결하게 합니다. 그리고 최종적 단계인 죽음과의 대결은 자신이 살아온 삶을 정직하게 마주해야 한다는 두려움을 일으킵니다.

마태오복음서와 마르코복음서에 따르면, 부활하신 주님의 천사가 몇몇 여자들에게 나타납니다. 마태오복음서에서 천사는 깜짝 놀란 여자들에게 "두려워하지 마라" 하고 말합니다. 그들이 무덤을 떠나 제자들에게 예수님이 부활하셨다는 기쁜 소식을 전하러 달려가는데, 갑자기 부활하신 그분이 마주 오십니다. 그러자 그들이 다가가 엎드려 그분의 발을 붙잡고 절합니다. 예수님이 그들에게 말씀하십니다. "두려워하지 마라. 가서 내 형제들에게 갈릴래아로 가라고 전하여라. 그들은 거기에서 나를 보게 될 것이다"(마태 28,10). 마태오에게 부활은, 우리가 안고 있는 죽음에 대한 두려움을 극복하는 일입니다. 죽음 자체의 장소인 무덤 안에 앉아 있는 천사는 온갖 두려움을 떨쳐내라고 우리에게 요청합니다. 부활하신 그분이 여자들에게 하신 첫 번째 말씀이 그들의 두려움을 없애줍니다.

마르코복음서에서도 천사는 그 여자들에게 격려의 말을 건넵니다. "놀라지 마라." 그렇지만 이 말이 그들의 두려움을 사라지게 하지는 못한 듯합니다. 그들은 무덤에서 나와 달아납니다. "덜덜 떨면서 겁에 질렸던 것이다. 그들은 두려워서 아무에게도 말을 하지 않았다"(마르 16,8). 마르코복음서의 이러한 종결은 교부들에게 이미 하나의 수수께끼였습니다. 기쁜 소식의 마지막 말이 "그들은 몹시 두려웠다"라는 것입니다. 두려움은 그 여자들에게 몸을 덜덜 떨게 하고 공포에 사로잡히게 합니다. 그들은 빈 무덤을 봅니다. 그리고 예수님의 시신이 놓였던 이 무덤 안에서 하얗고 긴 겉옷을 입고 앉아 있는 천사를 봅니다. 죽음을 이겨낸 이 체험은 그들에게 두려움을 일으킵니다. 그것은 죽음에 대한 두려움이 아닙니다. 오히려 부활의 신비와 관련됩니다. 마르코복음서의 이러한 맺음말로써 명확해지는 것은, 우리는 예수님의 부활 소식을 열린 마음으로만 선포할 수 있다는 사실입니다. 우리는 예수님의 부활 소식을 거리 두지 않고서, 그리고 확신에 차서 명료하게 말할 수 있어야 합니다. 예수님이 죽음을 어떻게 극복할 수 있으셨는지는 여전히 하나의 신비로 남아 있습니다. 이 신비를 이해하기 위해 우리는 그 여자들의 두려움과 벌벌 떪을 거듭 체험해야 합니다.

루카와 요한에 따르면, 부활하신 예수님은 제자들에게 "두려워하지 마라"라는 말씀으로 인사하지 않으시고, 평화의 인사를 건네십니다. "평화가 너희와 함께!"(루카 24,36; 요한 20,19.21.26). 루카도 부활하신 예수님이 제자들 가운데 서셨을 때 그들이 느낀 두려움에 대해 말합니다. "그들은 너무나 무섭고 두려워 유령을 보는 줄로 생각하였다"(루카 24,37). 그렇지만 예수님은 제자들에게 평화를 기원하시면서 그들의 두려움을 가라앉혀 주십니다. 평화는 부활하신 예수님이 주시는 부활 선물입니다. 죽음에 대한 두려움은 우리를 몰아대며 내적으로 분열시켰습니다. 그러나 죽음이 극복되었으므로 이러한 갈라진 마음이 치유되었습니다. 부활절에 누리는 평화 속으로 죽음에 대한 두려움은 더 이상 들어설 자리가 없습니다.

예수님의 죽음과 부활에 관해 루카가 보도하는 내용은 성경 전체를 요약한 것입니다. 하느님께서 이미 구약성경에서 신심 깊은 이들에게 약속하신 바가 예수님의 부활 안에서 이루어졌습니다. 그분은 우리를 감옥에서 풀어주시는 하느님, 우리를 죽음의 올무에서 구해내시는 하느님, 죽은 것을 되살리시는 하느님이십니다. 부활이란, 바뀌지 못할 것은 더 이상 아무것도 없다는 약속입니다. 죽음조차 생명으로 바뀔 수 있습니다. 어둠은 빛으로, 무덤은 천사가 사랑이 죽음을 쳐부수고 승리한다는 기쁜 소식을 선포하는 장소로 바뀔 수 있습니다. 예수님의 부활 소식은 이스라엘 사람들에게, 심지어 로마 제국에게도 매혹적이었습니다. 그 소식은 그들이 지닌 죽음에 대한 두려움에 말을 걸어, 두려움을 사라지게 했습니다.

우리는 성찬례를 올릴 때마다 예수님의 죽음과 부활을 기립니다. 그리하여 죽음에 대한 두려움을 극복할 수 있습니다. 예수님은 우리에게 성찬례, 곧 성체성사를 제정해 주셨습니다. 우리가 죽음에 대한 두려움을 바라봄으로써, 그것을 변화시키도록 날마다 알려주시기 위해서입니다. 성체성사는 우리를 죽음에 대한 두려움과 대결하게 합니다. 동시에 이는 예수님께서 죽음을 이기셨다는 확언입니다. 우리는 예수님을 돌아가셨다가 부활하시고, 지금 우리 곁에 계시고, 우리 안에 현존하시는 분으로 체험합니다. 성체성사는 삶과 죽음, 산 이들과 죽은 이들, 하늘과 땅을 갈라놓는 것을 없앱니다. 성찬례를 올리면서 우리는 우리보다 먼저 세상을 떠난 이들과 교류한다는 사실을 알 수 있습니다. 죽음은 우리를 하느님과 갈라놓을 수 없다는 것, 그리고 죽음은 우리가 사랑하는 이들과 맺은 관계도 끊어놓지 못하리라는 것을 우리는 성찬례 때 기립니다. 사랑은 죽음보다 강합니다. 성찬례를 올리면서 우리는 죽음에 대한 두려움을 극복할 수 있음을 깊이 생각하지 않습니다. 대신 우리는 의식을 통해 사랑이 죽음을 이긴다는 것을 기립니다. 우리는 예수님의 죽음과 부활을 기립니다. 그리하여 예수님의 이 부활은 날마다 우리를 덮치는 죽음에 대한 두려움을 서서히 바꿔줄 수 있습니다.

　죽음에 대한 두려움에 직면할 때마다 우리는 하느님을

떠올려야 합니다. "그래, 나는 지금이든 나중이든 언젠가 죽을 것이다. 내 삶은 유한하다. 나는 죽으면서 하느님께로 갈 것이다. 그러나 지금 이 순간, 나는 살아 있다. 이 순간을 나는 의식적으로 살겠다. 하느님 앞에서 그리고 하느님 안에서." 그러므로 죽음에 대한 두려움도 하느님께로 가는 길에 동반자가 될 수 있습니다. 죽음에 대한 두려움은 우리가 하느님 안에 있음을 상기시켜 주고, 우리로 하여금 이렇게 말하게 합니다. "나는 살아 있을 때에도, 죽을 때에도 하느님 안에 있다." 이렇게 볼 때 내가 살아 있든지 죽든지, 이는 큰 차이를 만들지 않습니다. 이는 우리에게 우리는 인간이지 하느님이 아님을, 우리는 유한한 존재이고 불멸할 수 없음을 상기시켜 줄 것입니다. 그렇지만 우리는 죽어서 하느님께로 갑니다. 영원한 생명에 대한 우리의 갈망은 그분 안에서 채워집니다. 우리가 하느님을 만나면, 우리는 없어지는 게 아닙니다. 오히려 우리의 본질, 우리의 인격은 영원히 살게 됩니다. 그렇습니다, 하느님 안에서 비로소 그분이 우리 영혼에 새겨놓으신 근원적이고 순수한 모습이 그분의 광채 속에서 환히 빛날 것입니다. 영원히.

두려움을 기도 안으로 가져가기

세 복음사가는 예수님이 겟세마니에서 기도하며 지니셨던 두려움에 관해 우리에게 전합니다. 그것은 그분이 제자들에게서 홀로 방치되신 것에 대한 두려움입니다. 고문의 고통 속에서 그분을 기다리는 것은 공포입니다. 예수님은 이러한 두려움을 기도 안에서 극복하십니다. 그분은 두려움을 건너뛰지 않으시고, 하느님께로 가져가십니다. 예수님이 하느님께 두려움에 대해 말씀드리는 가운데, 두려움은 바뀔 수 있습니다.

초기 수도승들은 기도 안에서 두려움을 극복하신 예수님의 이 방법을 영적 투쟁의 본보기로 삼았습니다. 두렵고 불안하거나 곤경에 처했을 때에는 하느님 옆에서 피난처를 찾으라고 그들은 조언합니다. 이때 그들은 기도를 나무에, 공격하는 사자를 피해 올라가는 나무에 비유합니다.

나무는 우리를 지켜줍니다. 하느님은 우리를 보호해 주는 나무와 같으십니다. 우리를 위협하는 것이 두려울 때 우리는 이 나무 위로 달아날 수 있습니다.

기도 안에서 두려움을 극복하는 다른 방법은 두려움 속으로 들어가 성경 말씀 한 구절을 되뇌는 것입니다. 우리의 두려움은 언제나 말로 표현할 수 있습니다. 예를 들면 이렇습니다. "나는 두렵다. 그래서 지금 그 일을 할 수 없다. 남들은 나를 어떻게 생각할까?" 우리는 이러한 두려움 속으로 들어가, 다음과 같은 신뢰의 말씀을 되뇌어야 합니다. "주님께서 나를 위하시니 나는 두렵지 않네. 인간이 나에게 무엇을 할 수 있으랴?"(시편 118,6). 이 말씀으로 두려움을 몰아낼 수는 없습니다. 오히려 중요한 것은, 두려움 속으로 들어가 이 말씀을 되뇌면서, 내 영혼 깊은 곳에 이미 깃들어 있지만 두려움으로 덮인 신뢰와 교류하는 일입니다. 우리 가운데 두려움만 지니거나 신뢰만 지닌 사람은 아무도 없습니다. 우리는 항상 우리 안에서 이 양극을 발견합니다. 그러나 때로는 두려움에 너무 많이 매인 탓에 우리 안의 신뢰를 간과하고 맙니다. 성경 말씀은 초기 수도승들에게 치유의 말씀이기도 했습니다. 성경 말씀은, 이미 우리 안에 있지만 부정적인 말로 인해 힘을 잃었던 우리의 전체적 온전함과 교류하게 해줍니다.

기도 안에서 두려움에 대처하는 또 다른 방법은 하느님과 함께 두려움에 관해 대화를 나누는 것입니다. "하느님은 이 두려움을 통해서 나에게 무엇을 말씀하려 하실까? 두려움은 내게 무엇을 알려주려는 걸까?" 하느님은 두려움을 통해서도 나에게 말씀하십니다. 그분은 내가 정도程度를 넘었음을 지적해 주실 것입니다. 두려움은 내가 내 삶을 완전히 잘못 받아들였음을 말해줄 것입니다. 예컨대 내가 다른 사람들 앞에서 창피당할까 두려워한다면, 그 이유는 다음과 같이 받아들이기 때문입니다. "내가 실수를 저지르면, 나는 아무 데도 쓸모없는 사람이 돼. 그러면 남들이 나를 제정신이 아니라고 간주할 거야." 그렇게 받아들이는 것은 내 삶을 가로막습니다. 그렇게 받아들이는 것은 우리를 살 수 없게 만드는 어떤 마음의 법칙과 같습니다. 그 대신에 나는 이렇게 말할 수 있습니다. "난 실수해도 돼. 나는 언제나 하느님께 받아들여지고 사랑받고 있어. 사람들이 나에 대해 말하는 건 중요하지 않아." 하느님은 두려움을 통해서 나에게 더 유익한 삶의 법칙을 찾도록 초대하십니다. 하느님은 두려움을 통해서 내가 미숙한 하느님 상像을 지녔다고 말씀하시는 것인지도 모릅니다. 하느님은 나의 온갖 두려움을 물리쳐 주시고, 나에게는 나쁜 일이 결코 일어나지 않으며, 그분을 통해서 언제나 두려움과 우울에서 벗어날 수 있다고 생각한다면, 나는 환상 속에서 사는 것입니다. 이로써 나의 유아적 욕구를 하느님께 투사하기 때문입니다. 다만 하느님은 나를 어둠 속으로 그리고 두려움 속으로 이끄시어 나를 전적으로 당신께 내맡기게 하십니다.

예수님이 겟세마니에서 공포와 번민에 휩싸여 계실 때, 한 천사가 하늘에서 나타납니다. 천사는 그분에게서 두려움을 거두어가지 않고, 그분의 기운을 북돋아 드립니다. 그분이 더 큰 신뢰를 품고서 당신의 길을 가실 수 있게 하려는 것입니다. 이는 저에게 두려움에 대처하는 영적 방법을 보여주는 아름다운 표상입니다. 나는 두려움을 안고서 하느님께 기도합니다. 그리고 두려움을 천사처럼, 나에게 다가와 하느님을 가리켜 보이고 나로 하여금 하느님을 떠올리게 하는 천사처럼 받아들입니다. 결국엔 오직 하느님만이 나의 두려움을 잠재우실 수 있습니다. 그것은 구체적으로 어떻게 나타날까요? 한 여성은 자기 삶을 꾸리지 못할까 두려워합니다. 거듭거듭 우울한 마음이 들고, 이 때문에 더 이상 직장 생활을 하지 못할까, 그래서 자신의 생계도 더 이상 책임지지 못할까 두려워합니다. 그 여성이 이러한 두려움을 하느님께로 가는 길에 동반해 주는 천사로 본다면, 이는 두려움을 허용한다는 뜻입니다. 그렇습니다. 나는 내 삶을 더 이상 주도하지 못할 수도 있습니다. 그러나 그것은 무엇을 의미할까요? 나는 실패하더라도 하느님의 손안에 있을 것이라는 뜻입니다. 두려움은 나에게 전혀 새로운 길을 가리켜 보입니다. 내가 손에 아무것도 가지고 있지 않을 때, 하느님의 은총으로 산다는 것이 무슨 뜻인지 알게 됩니다. 나는 살면서 전혀 완벽할 필요가 없습니다. 나는 내 힘으로 할 수 있는 것을 행합니다. 그러나 나는 약한 면도 지니고서 하느님의 손안에 있습니다. 하느님은 나를 넘어지게 하지 않으실 것입니다.

내려놓아라

이따금 자기 자신을 붙들고 있는 사람들을 만납니다. 그들은 모든 것을 내려놓을 수 있다고 생각합니다. 그러나 내적으로는 묶여 있습니다. 그들이 실제로 내려놓을 수 있기까지 통상적으로 오랜 시간이 걸립니다. 내려놓는 것은 구속에서 벗어나는 기술입니다. 붙들고 있음은 우리를 묶고 가둬 놓습니다. "내가 매달려 있던 것을 놓아 버려야 한다. 이 사실을 나를 상실하는 것으로 여긴 한, 나는 불행했다. 그러나 삶을 내려놓고 죽음에서 자유로워져야 한다는 관점에서 그것을 바라보자마자, 내 영혼에 깊은 평화가 찾아왔다." 이렇게 통찰한 인도의 시인이자 철학자인 라빈드라나트 타고르Rabindranath Tagore는 알고 있습니다. 우리가 뭔가에 과도하게 매달려 있으면 자유로이 행동할 수 없다는 것을 말이지요. 우리가 탐욕스럽게 뭔가를 소유하려 한다면, 우리는 갇혀 있는 것입니다. 우리 손은 묶여 있는 것입니다. 반면에 내려놓는 것은 내적 자유의 행위입니다.

   내려놓는 것은 힘들 수 있습니다. 마음의 평정은 거저 얻을 수 없는 기술입니다. 우리는 이 기술을 익혀야 합니다. 그러나 이는 대체로 간단하지 않습니다. 평정심을 얻기 위해 무엇인가를 해야 한다는 것은 기이하게 들립니다. 그렇지만 행하는 것이 아니라 내려놓는 것입니다. 그러나 행하는 가운데 내려놓는 법을 연습하는 것이 진정한 기술입니다. 여기서 제 생각을 말씀드리면, 할 일이 많은 사람이 이러한 기술을 배우면 좋겠습니다. 그것은 단순히 무언가가 이루어지도록 내버려 두는 것입니다. 우리가 고집스럽게 행하는 것은 복을 가져오지 못할 것입니다. 마음이 평안한 사람은 자기에게 일어나는 일을 그대로 받아들입니다. 그는 그 일에 매달리지 않고, 그 일의 결과를 받아들이며 이를 기뻐할 것입니다.

덫

우리는 자기 자신에 관한 것들을 걱정합니다. 건강을 걱정하고, 남들에게 어떻게 비칠지 걱정합니다. 힘든 시기를 보낼 때에는 앞날을 걱정합니다. 우리는 주변 사람들도 걱정합니다. 부모가 자신들이 생각한 길을 자녀가 가지 않을 때 걱정하는 것은 이해가 갑니다. 그러나 어디서나 즉시 다른 사람들을 걱정하는 이들도 있습니다. 그런 걱정은 때로 이웃 사랑처럼 보이지만, 일종의 덫일 수도 있습니다.

아빌라의 데레사(예수의 성녀 데레사)는 이러한 덫을 알았습니다. 데레사는 다음과 같은 비범한 기도를 바쳤습니다. "다른 사람들의 일을 해결해 주고자 하는 과도한 열정에서 저를 풀어주십시오." 데레사는 다른 사람들의 삶에 질서를 세워주려는 성향을 지녔던 듯합니다. 예수님은 데레사에게 당신 자신을 가리켜 보이십니다. 데레사는, 하느님께서 다른 사람들도 돌보신다는 것을 믿어야 합니다. 자신이 모든 것을 다 해결하려고 해서는 안 됩니다. 다른 사람들이 그것을 바라는지 또는 그들의 의사와 관계없이 그들에 대한 책임을 떠맡으려는 것은 아닌지 먼저 통찰해야 합니다. 우리는 누구나 자기 자신을 걱정해야 합니다. 우리는 다른 사람들을 동반할 수 있습니다. 그러나 각자 자신의 삶에 질서를 세워야 합니다. 데레사가 지닌 태도는 우리가 다른 사람들의 운명에 동참할 때 평정심을 지니도록 독려합니다. 이러한 관점에서도 성인들은 오늘날 우리의 일상을 위해 본보기가 될 수 있습니다.

걱정하지 마라

오스트리아 시인 잉게보르크 바흐만Ingeborg Bachmann은 자작시(<광고>, 1956)에서 이렇게 표현합니다.

> 그러나 우리가 어디로 가는지
> 걱정하지 마라.
> 걱정하지 마라.
> 어둡고 춥더라도
> 걱정하지 마라.
> 그러나
> 우리는
> 음악과 함께해야 한다.

바흐만은 이 시에서 "걱정하지 마라"라는 예수님의 말씀을 여러 번 인용합니다. 그러나 예수님의 이 말씀을 우리 삶에 닥친 어둠과 추위에 적용합니다. 우리 안의 모든 것이 어두워진다면, 추위가 우리 마음을 장악한다면 예수님의 이 말씀을 간직할 수 있을까요? 여기서 바흐만은 음악을 가리킵니다. 시인에게 음악은, 우리가 살면서 어둠과 추위 속에 있더라도 예수님이 말씀하신 '걱정 없음'에 대한 그 무엇을 예감하게 하는 요소입니다.

모차르트는 자신의 음악에서 이러한 걱정 없음을 표현했습니다. 그러나 속임수를 써서 우리에게 완전한 세상이 있다는 것을 믿게끔 하지는 않았습니다. 그는 인간의 영혼이 두려움에 빠지고 심연 속에 있더라도 '걱정 없음'이 울려 퍼지게 했습니다. 이러한 걱정 없음이 깃든 곳은 우리가 추위와 어둠 속에 있을 때 갈 수 있는 곳입니다. 그곳에서는 고향과 안전함, 온기와 빛이 우리를 향해 흐릅니다.

사랑은 굳건한 토대다

5장

사랑은 고향입니다

'집'은 신비가 깃든 곳입니다. 독일어로 '고향Heimat'은 '집Heim'과 '신비Geheimnis'라는 단어와 연관됩니다. '집Heim'은 본디 '놓여 있다liegen'에서 유래한 말로 사람들이 정주하는 곳, 누워서 쉬는 곳, 머물고 싶고 보호받음을 느끼는 곳을 의미합니다. 그리고 '신비Ge-heim-nis'는 '집과 연관된 그 무엇'을 말합니다. 한편 신학에서, 신비는 좀 다른, 그리고 더 심오한 의미를 얻었습니다. 신비는 궁극적으로 하느님을 가리킵니다. 하느님은 절대적 신비이십니다. 신비는 우리의 평범한 사고를 뛰어넘어, 끝내 파악할 수 없는 것입니다. 신비의 현존, 우리 인간 존재를 뛰어넘는 어떤 실재의 현존, 궁극적으로 하느님의 현존은 '고향'이 탄생하기 위한 전제 조건입니다.

나는 집에 있습니다. 내가 사랑받는 곳, 내가 아무런 역할을 할 필요가 없는 곳에 있습니다. 내 모습 그대로 있어도 되는 곳에 있습니다. 나는 조건 없이 사랑받는다는 것을 알기 때문입니다. 이러한 체험은 개인적 공감보다 더 숭고한 사랑과 관련이 있습니다. 나는 이러한 사랑을 구할 필요가 없습니다. 사랑이 그저 나에게 선사됩니다. 사랑은 단순히 여기에 존재합니다. 나는 이 사랑에 의해 떠받쳐집니다. 자신을 증명하거나 변호해야 한다는 압박에서 벗어나 자유롭다는 확신을 가집니다. 그리고 이 확신은 나에게 자신감을 줍니다. 나는 있는 그대로 있어도 됩니다. 나는 남들을 이겨야 한다는 압박을 끊임없이 받을 필요가 없습니다. 누구에게나 이렇게 조건 없이 사랑받는 체험이 필요합니다. 그래야 삶을 신뢰하고, 자기 자신을 신뢰하고, 자기를 펼칠 수 있습니다.

사랑은 신뢰입니다

신뢰는 관계입니다. 우리는 신뢰에 찬 관계가 필요합니다. 우리가 지닌 두려움에 더 잘 대응하려면 안전함과 보호받음의 체험이 필요합니다. 결국, 사랑 체험이 필요합니다. 사랑은 외부의 위협에 두려움이 아닌 신뢰로 대응할 수 있게 해 줍니다. 또한 신뢰는 삶의 도전에 응하도록 희망을 심어 줍니다. 철학자 울리히 홈메스Ulrich Hommes는 사랑을 "두려움에 맞서는 천연의 보루"라고 일컫습니다. "그 어떤 것도 더 이상 도움이 되지 않을 때, 두려움에 맞서도록 도움을 주는 것은 사랑이다. 나는 사랑을 받았고, 또한 이 사랑을 다른 사람에게 줄 수 있다. 두려움은 내게 좋지 않은 영향을 미치는 무엇 또는 누군가에 대한 감정에 반응하는 것이라 표현할 수 있다."

이는 성경의 관점이기도 합니다. 요한 1서는 이미 사랑으로 두려움을 극복하는 방법을 기술해 놓았습니다. "사랑에는 두려움이 없습니다. 완전한 사랑은 두려움을 쫓아냅니다. 두려움은 벌과 관련되기 때문입니다. 두려워하는 이는 아직 자기의 사랑을 완성하지 못한 사람입니다"(1요한 4,18). 요한은 여기서 하느님의 사랑이나 이웃 사랑에 대해 말하지 않습니다. 오히려 하느님에게서 비롯되었지만 인간 안에 있는 고유한 힘인 사랑, 인간 삶을 변화시킬 수 있는 사랑에 대해 말합니다. 사랑은 우리에게 온기를 주는 불과 같습니다. 사랑은 우리 안에서 흘러넘치는 샘물과 같습니다. 이 사랑을 자기 안에서 감지하는 사람은 두려움에서 벗어납니다. 사랑은 모든 것에 친절합니다. 사랑은 있는 그대로 받아들입니다. 사랑 안에서, 나는 하느님께 오롯이 받아들여졌음을 압니다. 사랑이 내 안에서 흐르면, 내가 받아들이지 못할 것은 아무것도 없습니다. 사랑이 내 안에서 모든 것을 톡톡 건드리기 때문입니다. 요한에게 있어 두려움을 극복하는 근본적인 방법은 바로 사랑 체험입니다. 그리고 요한복음서에 따르면, 자신 안에 있는 이 사랑을 체험하는 방법은 예수 그리스도를 묵상하는 것입니다. 그분 안에서 하느님의 사랑이 가시화되었습니다. 하느님의 사랑은 십자가에서 완성되었습니다. 그리고 십자가에서 하느님의 사랑은 인간 안의 온갖 대립하는 것을 관통합니다. 십자가에서 빛난 그 완전한 사랑은 온갖 두려움을 쫓아냅니다. 우리가 두려워할 것은 더 이상 아무것도 없습니다. 내 안의 온갖 대립하던 것이 사랑으로 채워졌으니까요. 십자가에서 드러난 사랑, 모든 것을 서로 화해시키는 사랑을 바라보면 우리 안에 있는 모난 부분에 대한 두려움과 자아의 붕괴를 막을 수 있습니다. 사랑이 깃들지 않은 심연은 더 이상 우리 안에 없습니다.

하느님께서는 예수 그리스도가 처형되신 십자가에서 당신의 조건 없는 사랑을 우리에게 보여주셨습니다. 이로써 내가 하느님을 만족시켜 드리지 못할 거란 두려움에서 우리를 벗어나게 해주셨습니다. 우리는 자신을 의롭게 만들 필요가 없습니다. 우리가 옳다는 것을 하느님과 자신에게 증명할 필요가 없습니다. 하느님 친히 우리를 예수 그리스도 안에서 의롭게 해주셨습니다. 마르틴 루터Martin Luther는, 십자가에서 드러난 예수님의 조건 없는 완전한 사랑을 바라보는 것이 훗날 심판받으리라는 두려움에서 벗어나는 길이라고 말합니다. 그래서 그는 바오로의 변모에 관심을 기울였습니다. 바오로는 바리사이들이 득세했던 시대에

율법을 지키는 것으로 자신의 가치를 하느님 앞에서 증명하려 했으나, 예수 그리스도를 만난 뒤 완전히 변모하게 되었습니다. 이후 바오로는 깨닫게 됩니다. "(아무것도) 우리 주 그리스도 예수님에게서 드러난 하느님의 사랑에서 우리를 떼어놓을 수 없습니다"(로마 8,39).

두려움을 쫓아내는 사랑은 나를 가득 채우는 고유한 힘인 사랑뿐 아니라, 내가 하느님과 사람들로부터 체험하는 사랑, 내가 하느님과 사람들에게서 느끼는 사랑과도 관련이 있습니다. 하느님과 사람들에게서 조건 없이 사랑받은 이는 더 이상 거부와 버림받음, 실패를 두려워하지 않습니다. 죽음이 자기에게서 이 사랑을 빼앗을 수 없다는 것을 안다면, 죽음조차 그에게 더 이상 두려움을 안겨주지 못합니다. 사랑은 죽음보다 강합니다. 누군가를 깊이 사랑하는 사람은 지금 이 순간에 두려움을 느끼지 않습니다. 물론 여전히 두려움은 그의 마음을 압박할 것입니다. 그는 사랑하는 사람을 잃을까 두려워합니다. 그는 병과 죽음을 두려워합니다. 그러나 사랑 안에는 두려움이 없습니다. 우리가 사랑에 대해 '생각'한다면 곧바로 두려움이 우리 안에서 모습을 드러냅니다. 내 사랑에 대해 골똘히 생각만 하는 것은 더 이상 사랑 안에 있는 게 아닙니다. 그 누구도 사랑 안에만 머물 수는 없습니다. 따라서 언제든 두려움이 우리에게 엄습할 수 있습니다. 그러나 우리가 오롯이 사랑 안에 있고 그런 가운데 우리 자신을 잊는다면, 우리 마음 안에 두려움이 들어설 자리도 더 이상 없게 됩니다. 두려움에 압도당했던 어느 젊은 사제가 저에게 얘기하기를, 짧은 시간이나마 그 두려움에서 완전히 벗어난 체험을 한 적이 있다고 합니다. 이는 그에게 일종의 하느님 체험이었습니다. 내가 하느님과 그분의 사랑을 체험하면, 그 짧은 순간 두려움이 사라집니다. 그러고 나면 다음과 같은 요한의 말이 무슨 뜻인지 깨닫게 될 것입니다. "사랑에는 두려움이 없습니다"(1요한 4,18).

사랑의 정점

사랑의 정점은 하느님과 인간이 하나가 되는 신비적 체험입니다. 인간은 하느님을 향하고, 하느님은 인간을 향하십니다. 그러면서 인간은 자기를 변모시키고 행복하게 하는 사랑을 체험합니다. 인간이 하느님과 하나 되게 하는 이 사랑의 목표는, 인간이 하느님께로 드높여져 곧 하느님을 닮는 것입니다. 하느님과 인간 사이에 벌어진 거리로 인해 발생한 두려움은 결국은 그를 신비 체험과 구원으로 이끕니다. 인간이 하느님에게서 멀어질까 봐 드는 두려움은 극복될 수 있습니다. 이러한 두려움을 경시해서는 안 될 것입니다.

베네딕토 성인은 수도승들에게 이렇게 경고합니다. "하느님을 사랑하여 두려워할 것이며…"(《수도 규칙》 72,9). 또한 '겸손'에 관한 장에서는 하느님의 사랑에 관해 언급합니다. "(하느님의) 완전한 사랑은 두려움을 몰아내며…"(《수도 규칙》7,67). 베네딕토는 겸손을 12단계로 설명합니다. 이 단계를 오르는 사람은 두려움을 떨쳐내고 순수한 사랑에 이릅니다. 두려움과 사랑이라는 양극은 긴밀히 연결되어 있습니다. 그리하여 사랑은 점점 더 깊어집니다. 베네딕토의 권고는 요한이 "사랑에는 두려움이 없습니다"(1요한 4,18)라고 말한 것과 반대되는 것처럼 보이지만, 사실 두 진술은 모두 맞습니다. 한편으로 사랑은 모든 두려움을 몰아내지만, 다른 한편으로 두려움은 사랑을 심화합니다. 이 두려움은 사랑에 진정한 힘을 줍니다. 우리는 두려움과 사랑 사이에 감도는 긴장을 완전히 풀 수 없습니다. 이 긴장은 사랑에 진정한 힘을 줍니다. 이렇게 되면 사랑은 두려움에 붙잡히지 않습니다. 오히려 두려움을 내적 원동력으로 받아들이고, 이로써 두려움을 극복합니다.

우리가 주님에 대한 두려움을 그렇게 이해하면, 이 두려움은 진정 지혜의 출발점이 됩니다. 주님에 대한 두려움은 우리를 믿음으로 이끌어줍니다. 이 믿음은 우리에게 완전히 다른 하느님을 느끼게 해주는 동시에 하느님의 끝없는 사랑을 갈망하게 합니다. 우리가 하느님을 두려워할 때, 사람들과 그들의 판단을 두려워하지 않게 됩니다. 집회서도 이미 그렇게 이야기합니다. "주님을 경외하는(두려워하는) 이는 아무것도 겁내지 않으리라. 주님께서 그의 희망이시니 무서울 것이 없다"(집회 34,16). 두려움은 신앙생활에 속하는 요소일 뿐 아니라, 인간의 심리 상태에 속하는 요소이기도 합니다. 두려움은 인간의 심리적 건강에 긍정적인 영향을 미칩니다. 최근의 심리학자들은 두려움이 인간 삶의 일부임을 거듭 강조합니다. 두려움을 완전히 극복하는 것은 전혀 중요하지 않습니다. 그렇게 되면 인간은 위험에 대처할 수 있는 중요한 도구 하나를 잃을 테니까요. 두려움은 정도를 넘지 않는다면 우리에게 생기를 북돋아 줍니다. 힘든 여정을 앞둔 애인 때문에 두려움을 겪어본 적이 있는 사람은 이를 잘 압니다. 애인이 건강한 모습으로 다시 돌아오면 재회의 기쁨은 더욱 클 것입니다. 두려움은 우리가 상대방의 귀환과 가까이 옴을 더 기쁘고 더 강렬하게 체험하도록 도와주는 역할을 합니다.

지금 이 순간에 오롯이 머물기

리지외의 데레사(아기 예수의 성녀 데레사)는 가장 위대하고 현명한 성인 중 하나로, 젊은 나이에 가르멜 수도원에서 선종했습니다. 데레사는 당시 편협하고 두려움을 일으키는 영성의 기류 속에서도 용기를 내어, 일상에서 사랑으로 나아가는 작은 길을 발견했습니다. 데레사는 자신 앞에 놓인 복잡한 영성적 체계를 무너뜨리고 사랑을 믿었습니다. 데레사는 어린 나이에도 인간의 신비를 깊이 자각했습니다. 이렇듯 영혼을 잘 이해했던 성녀는 다음과 같이 기술합니다. "우리에게 절망이 덮친다면, 이는 우리가 과거와 미래를 과도하게 생각하기 때문이다."

    우리는 우리가 원한 만큼 지난날 완벽하지 못했기에 절망합니다. 우리는 과거를 놓아버리지 못한 채, 앞으로 펼쳐질 미래를 불안스레 바라봅니다. 절망에서 벗어나는 유일한 길은 지금 이 순간에 오롯이 머무는 것입니다. 지금 이 순간, 나는 하느님 앞에서 살고 있습니다. 그리고 지금 나는 그분의 사랑에 감싸여 있습니다. 그것으로 충분합니다. 이미 일어난 일과 앞으로 일어날 일은 나를 신경 쓰이게 하지 않고, 나를 괴롭히지 못합니다.

하느님의 친밀함 속에서

철학자 에디트 슈타인(십자가의 데레사 베네딕타 성녀)은 젊은 시절에 《아빌라의 성녀 데레사 자서전》을 읽고 이렇게 고백했습니다. "이것이야말로 진리다!" 데레사 성녀의 이 글은 널리 알려져 있습니다. 성녀는 이 글이 적힌 쪽지를 늘 소지했다고 합니다. "아무것도 흔들리지 마라. 아무것도 두려워하지 마라. 모든 것은 다 지나가지만, 하느님은 변치 않으신다. 인내는 모든 것을 얻게 한다. 하느님을 소유한 이에게는 부족한 것이 하나도 없다. 오직 하느님만으로 족하다." '오직 하느님만으로 족하다'라는 마지막 문장을, 인간에게는 오직 하느님만 필요하고 그 밖에는 아무것도 필요하지 않다는 듯이 풀이한 사람이 많습니다. 그러나 데레사는 이 문장을 고행하라는 뜻으로 이해하지 않았습니다. 자신에게는 하느님뿐 아니라 사람들도 필요했다는 것을, 성녀는 삶으로 보여줍니다. 사람들이 데레사를 "우정의 성녀"라고 부른 것은 지당합니다. "오직 하느님만으로 족하다 Solo Dios basta"라는 표현을 데레사는 이렇게 풀이합니다. 바로 인간이 품은 갈망은 너무나 커서, 오직 하느님만이 이를 실제로 이루어주실 수 있다는 것입니다. 오직 하느님만이 인간의 드넓은 마음을 채워주실 수 있습니다. 인간의 마음에는 우정도 필요하지만, 어느 누구도 그 마음을 충분히 채워줄 수 없습니다. 그 일은 오직 하느님만이 하실 수 있습니다.

데레사 영성의 특징은 위대한 사랑으로, 자유와 유머도 그 영성 안에 망라되어 있습니다. 데레사는 즐겁게 춤을 추었고, 축제도 벌였습니다. 데레사는 매력이 넘쳤으며, 주교들에게 무엇인가 얻고자 할 때는 의식적으로 이를 발산했습니다. 반면 고해 사제들이 여성들을 소홀히 대할 때는 항의했습니다. 데레사는 현명한 남성들과 우정을 쌓았습니다. 데레사의 글에는 생기와 현명함이 가득합니다. 그 글에서는 기쁨과 사랑, 현명함과 우정이 넘쳐나고 그 안에서 편협한 합리성은 찾아볼 수 없습니다. 데레사는 자기가 무엇을 이야기하는지 잘 알았으며, 다루기 힘든 영적 주제를 단순한 언어로 표현하는 능력을 지녔습니다. 성녀가 표현하는 언어에는 유머와 신선함이 가득합니다. 데레사는 우리 인간의 태만과 불완전성을 이해하면서 길을 제시해 줍니다. 데레사는 자신이 체험한 하느님을 이야기합니다. 나아가 자신의 감정을 신뢰하고 하느님을 우리의 깊은 갈망을 채워주시는 진정한 친구로 보도록 초대합니다. 데레사는 기도를 친구와 나누는 대화라고 이해했습니다. 하느님은 데레사 가까이 계셨습니다. 예수님은 데레사에게 친밀하게 느껴졌습니다. 그럼에도 데레사는 하느님의 다름을 지각합니다. 데레사는 하느님을 독차지하지 않습니다. 하지만 자신은 언제 어디서나 우리를 회복시키시는 하느님의 다정함과 친밀함에 둘러싸여 있음을 압니다. 데레사는 하느님의 친밀함 속에서 생기와 자유를 느낍니다. 그러면서 자신의 감정을 신뢰합니다.

이에 비추어볼 때, 하느님 체험은 치유와 다정함으로 가득한 친밀함을 느끼는 것입니다. 당신이 하느님을 본래의 실재實在로 인지한다면, 하느님이 당신의 마음 안에 계신다면, 당신도 "오직 하느님만으로 족하다"라고 말할 것입니다. 오직 하느님만이 당신의 깊은 갈망을 채워주십니다. 당신이 하느님을 소유할 때, 필요한 모든 것을 가지게 됩니다. 그리하여 진실하게 살아갈 수 있습니다.

우주의 아멘

이따금 우리는, 존재하는 모든 것에 흘러넘치는 사랑을 우리 안에서 감지합니다. 사랑 안에서 우리는 모든 것과 하나됨을 느낍니다. 낭만주의 시대의 시인 노발리스Novalis는 이러한 경험을 돌아보며 말합니다. "사랑은 우주의 아멘이다." 사랑이 우주 전체를 채웁니다. 아름다운 꽃에서, 사랑이 우리 안으로 흘러듭니다. 산의 아름다움 속에서, 사랑이 우리를 만납니다. 십자가의 성 요한은 산을 "나의 애인"이라고 불렀습니다. 성인에게 산은 무르익은 사랑이었습니다. '아멘Amen'은 '긍정하다, 받아들이다'라는 뜻을 지녔습니다. 사랑 안에서 우주 자체가 받아들여집니다. 그리고 사랑 안에서 우주는 우리 인간에게 "예"라고 말합니다.

봄날, 푸른 풀밭에 누워 어머니 같은 대지에 자신을 맡기는 사람은 이 우주의 '아멘'을 느낍니다. 그는 자기가 사랑에 감싸여 있다고, 자신 안에 사랑이 스며들어 있다고 느낍니다. 태양이 그를 사랑으로 채워주고, 바람이 그의 뺨을 다정하게 어루만져 줍니다. 그리고 자연이 내는 다양한 음을 그가 사랑으로 들을 수 있게 해줍니다.

사랑에는 한도가 없다

다른 사람들에게 뭔가를 줄 때는 우리의 도량이 너무 좁은 건 아닌지 깊이 생각해 보아야 합니다. 이와 관련해 예수님은 우리에게 다음과 같이 요청하십니다. "주어라. 그러면 너희도 받을 것이다. 누르고 흔들어서 넘치도록 후하게 되어 너희 품에 담아주실 것이다. 너희가 되질하는 바로 그 되로 너희도 되받을 것이다"(루카 6,38).

지난 세기말에 복자품에 오른 울리카 니슈Ulrika Nisch는 "사랑에는 한도가 없다"라는 말을 신조로 삼아 살았습니다. 우리의 사랑이 신적 사랑의 샘에서 흘러나올 때, 사랑에는 한도가 없습니다. 신적 샘은 한도가 없으니까요. 그러한 사랑은 우리에게 과도한 요구를 하지 않습니다. 그리고 예수님이 우리에게 말씀하시듯이, 우리는 넘치도록 후하게 받을 것입니다.

어떻게 사랑해야 하는가

초기 수도승들과 마찬가지로 신심 깊은 유다인들은 동정심同情心을 인간의 가장 중요한 덕목 중 하나로 여깁니다. 종교철학자 마르틴 부버Martin Buber는 하시디즘(18세기에 폴란드와 우크라이나를 중심으로 동유럽에서 일어났던 유다교의 종교 운동: 옮긴이)에서 유래한 놀라운 이야기들을 우리에게 전합니다.

한 이야기에서 라삐 모르데카이Mordechai는 이렇게 말합니다. "얘야, 여기서 50마일밖에 떨어지지 않은 곳에서 해산하는 여인이 고통스럽게 부르짖는 소리를 들으면서도, 그녀와 함께 아파하고 그녀를 위해 기도하며 고통이 경감되기를 바라지 않는 사람은 차딕(Zaddik, 유다교에서 올바르고 성실한 사람을 가리키는 말: 옮긴이)이라 불릴 자격이 없단다."

다른 이야기에서 라삐 모쉐 룁Mosche Löb은 이렇게 설명합니다. "사람들을 어떻게 사랑해야 하는지 나는 한 농부에게서 배웠다. 그는 다른 농부들과 함께 주막에 앉아 술을 마시며, 오랜 시간 주막 안의 다른 사람들처럼 아무 말도 하지 않았다. 그러다가 술을 마시면서 마음이 풀리자, 옆 사람에게 말을 건넸다. '자네는 나를 사랑하는가 아니면 사랑하지 않는가? 어디 말해 보게.' 이 말을 듣고 옆 사람이 대답했다. '물론 나는 자네를 사랑하네.' 그러나 농부는 이렇게 말했다. '자네는 나를 사랑한다고 하지만, 나에게 부족한 것이 무엇인지는 모르지. 자네가 나를 진정으로 사랑한다면 그것을 알 텐데 말이야.' 이에 옆 사람은 아무런 대꾸도 할 수 없었고, 질문을 던진 농부도 다시 아무 말도 하지 않았다. 그러나 나는 그것이 바로 사람에 대한 사랑임을 깨달았다. 사랑은 그들의 필요를 느끼고, 고통을 함께 지는 것임을 알게 되었다."

진정으로 사랑하는 사람은 상대방에게 공감할 수 있고, 부족한 것을 정확히 알아챌 수 있으며, 그것을 그와 함께 짊어질 수 있습니다. 이는 인도의 현자 타고르가 한 말에도 표현되어 있습니다. "선을 행하려는 사람은 문을 두드리지만, 사랑하는 사람은 문이 열려 있음을 발견한다."

사랑은 죄보다 강하다

마르틴 루터는 믿음fides을 무엇보다 신뢰fiducia라고 이해했습니다. 그에게 믿음은 교의敎義를 믿는 것이 아니라, 하느님을 신뢰하는 것을 의미합니다. 나를 받아들이시는 하느님, 예수 그리스도 안에서 나에게 당신의 사랑을 보여주신 하느님, 나의 모든 죄를 용서하시고 내가 진실하게 살도록 나에게 확신을 주시는 하느님을 신뢰하는 것입니다. 바로 여기서, 루터는 근본을 보았습니다. 신뢰의 토대는 믿음입니다. 나는 하느님을 믿습니다. 나는 하느님을 신뢰합니다. 나는 하느님이 예수 그리스도 안에서 나에게 확신을 주셨음을, 그분의 사랑은 나의 모든 죄보다 강함을 믿습니다. 이러한 신뢰를 루터는 '즐거운 신뢰'라고 부릅니다. 우리에게 기쁨을 선사하고 우리를 온갖 두려움에서 벗어나게 하는 신뢰를 의미합니다.

"어떻게 해야 은총의 하느님을 발견할 수 있을까?" 마르틴 루터는 이렇게 질문하면서 괴로워했습니다. 그는 자신이 하느님께 받아들여지는지 아닌지를 놓고 여러 번 의혹에 빠진 듯합니다. 이러한 의혹은 그가 젊은 시절에 품었던 자기 의심 때문에 더욱 커졌습니다. 이러한 자기 의심은 심리학적으로 설명할 수 있습니다. 루터는 그 안에 올바른 믿음에 대한 질문이 담겨 있다고 보았습니다. 엄하신 하느님, 심판관이신 하느님을 믿는 것은 이러한 자기 의심과 자기 비난으로 이어집니다. 어떻게 해야 자신을 비판하고 비난하는 압박에서 벗어날 수 있을까요? 이것이 루터를 몰아댄 근본적 물음이었습니다. 그리고 그는 예수 그리스도 안에서 답을 찾았습니다. 예수님은 십자가 위에서 스스로를 향한 의혹을 떨쳐내셨고, 십자가에서 내려다보시며 우리에게 크게 말씀하십니다. "너는 조건 없이 사랑받았다. 네가 옳은지, 혹은 네가 모든 것을 제대로 하는지 전혀 주목할 필요가 없다. 십자가에서 볼 수 있는 하느님의 사랑은 모든 자기 판단보다 강하다."

자기 의심은 우리를 위축시킵니다. 그것은 우리에게서 모든 활력을 앗아갑니다. 그러나 은총의 하느님을 신뢰하는 것은 우리 안에서 새로운 힘을 일깨웁니다. 우리는 삶

앞에 설 수 있습니다. 우리는 위로를 받으며 자신의 길을 갈 수 있습니다. 이제 우리는 자신이 충분한지 아닌지 끊임없이 관찰해야 한다는 압박에서 벗어납니다. 우리는 자유로이 삶을 향해 나아갑니다. 이는 우리 안에 있는 힘과 교류하게 해줍니다. 그러나 자기 의심은 우리를 이 힘과 단절시킬 뿐입니다.

외투에 감싸인 것처럼

"믿는다는 것은 알지 못한다는 뜻이다." 우리의 비판자들이 즐겨 하는 말입니다. 이는 믿음을 피상적으로 이해하는 것이고, 그러면 믿음이 무엇인지 제대로 깨달을 수 없습니다. 하느님은 단순한 가설 이상이십니다. 믿음이 단지 '우리가 아직 알지 못하는 것'이라면, 그러한 믿음은 무너질 수 있는 토대 위에 서 있습니다. 앎이 새로운 영역을 정복하자마자, 믿음은 늘 퇴각 전투에 내던져질 수밖에 없으니까요. 믿음은 임의로 '생각하는 것'이 아닙니다. 믿음은 앎에 맞서지 않습니다. 믿음은 우리가 아직 알지 못하는 것으로 국한되지 않습니다. 오히려 믿음은 우리의 지식 체계 전체를 포괄하며, 앎과 지식 그 이상입니다. 믿음은 존재하는 모든 것을 해석합니다. 믿음은 앎을 감싸는 외투와 같습니다. 믿음이란, 우리는 우리의 모든 지식과 무지와 더불어 하느님의 드넓은 손안에 있다는 것, 그리고 우리 삶은 하느님의 사랑에 감싸여 있다는 것을 신뢰하는 것입니다.

믿음은 뭔가 의미심장한 것을 표현합니다. 즉, 자연과학이 관찰하고 연구하는 모든 대상의 배후에 하느님이 서 계신다는 것입니다. 자연과학으로는 하느님을 증명할 수 없습니다. 그러나 우리는 하느님이 계심을 믿을 수 있습니다. 하느님은 아직 연구되지 않은 것의 대용물이 아닙니다. 우리가 알고 있고 또 앞으로 알게 될 모든 지식을 바탕으로, 우리는 하느님에 의해 떠받쳐지고 우리의 말과 행위로 하느님과 연결되어 있음을 압니다. 믿음 안에서 말이지요.

하느님은 모든 이를 받쳐주신다

6장

모든 것은 갈망 속에 있다

영적 동반을 하면서 하느님을 신뢰할 수 없다는 말을 여러 사람에게서 듣습니다. 그들은 많이 기도했지만, 하느님은 도와주지 않으셨습니다. 간혹 그들은 실망하기도 합니다. 실망은 그들이 하느님을 신뢰하지 못하게 가로막습니다. 그러나 종종 신뢰를 어렵게 만드는 것은 부정적인 하느님 상像입니다. 하느님 상은 아버지와 어머니에 대한 체험에 좌우됩니다. 어머니가 나에게 근원적 신뢰를 많이 주지 못했다면, 나는 하느님 안에서 보호받는다는 것을 알기 어렵습니다. 만일 알코올 중독자인 아버지가 신뢰를 주지 못했다면, 술에 취해 무슨 일을 저지를지 예측할 수 없게 행동했다면, 이러한 경험은 쉽게 하느님께로 옮겨 갑니다. 내가 의식적으로는 자비하신 하느님을 믿더라도 하느님을 신뢰할 수 없다는 두려움, 하느님은 내 계획을 망쳐놓을지도 모른다는 두려움이 마음 깊은 곳에서 생겨납니다. 한 사제를 영적으로 동반한 적이 있습니다. 그 사제는 늘 자비하신 하느님에 대해 신자들에게 강론했습니다. 그러나 그는 알코올 중독자인 아버지와의 부정적 체험으로 인해 하느님을 근본적으로 신뢰하지 못했습니다. 하느님께서 언제 그에게 한 방 먹이실지, 무슨 계획을 세우고 계실지 전혀 예측을 할 수 없었습니다.

어린 시절에 신뢰 체험을 하지 못한 일부 사람들은 이 때문에 하느님과의 관계도 깨졌다며 한탄합니다. 그러나 그들이 반드시 평생토록 불이익을 받는 것은 아닙니다. 결여된 신뢰를 회복시켜 주는 하느님 체험도 있습니다. 어떤 사람들은 미사 중에 어떤 말씀이나 성가가 그들에게 말을 걸어올 때 그런 체험을 하게 됩니다. 누군가는 자연 속에서 홀연히 자신이 조건 없이 지지받고, 사랑받음을 느낍니다. 이 순간, 신뢰의 결여로 받았던 상처가 치유됩니다. 이 순간, 그들은 '신뢰할 수 있음'을 자각합니다. 물론 이러한 영적 체험이 아직 삶 전체에 스며들지는 않을 겁니다. 예전의 불신은 거듭 모습을 드러낼 것입니다. 그럴 때는 하느님 체험과 절대적 신뢰 체험을 떠올리는 것, 그리고 마음속에서 감지되는 신뢰에 대한 갈망을 믿는 것이 도움이 됩니다. 신뢰에 대한 갈망 속에는 이미 신뢰가 들어 있습니다. 나는 이러한 갈망을 품고 근원을 향해 나아갈 수 있습니다. 이어서 부모에게서 신뢰를 충분히 체험했든지 안 했든지 상관없이, 내 영혼 깊은 곳에 있는 신뢰를 발견하게 될 것입니다. 인간이 아닌 하느님에게서 유래하는 근원적 신뢰가 있습니다. 근원적 신뢰는 내 안에 새겨진 본래 모습과 같습니다. 내가 신뢰에 대한 이 본래적 상像과 교류한다면, 내 안에서 신뢰가 싹터 자랄 것입니다. 그리고 어린 시절에 신뢰를 체험하지 못했다며 한탄하기를 멈출 것입니다. 나는 하느님께서 내 마음 안에 넣어 놓으신 신뢰의 힘을 믿습니다.

마음을 굳세게

"저는 하느님을 신뢰하고 싶습니다. 하지만 그게 잘 안되네요. 저는 불신에 빠져 있습니다. 기도는 도움이 되지 않습니다. 하느님은 제 말을 전혀 들어주지 않으시고 저에게 만족하지도 않으신 듯합니다." 이렇게 한탄하는 말을 자주 듣습니다. 하느님을 불신한다고 말하는 사람에게 단순히 신뢰를 심어줄 수는 없습니다. 먼저 그가 말하도록 두어야 합니다. 제가 그것에 반대하는 말을 하면, 그 사람은 항상 불신의 새로운 이유를 찾을 것입니다. 저는 어찌하여 그가 하느님을 신뢰할 수 없는지 물어볼 수 있을 뿐입니다. 하느님께 실망해서일까요? 혹은 그 사람 안에 부정적인 하느님 상이 자리 잡고 있기 때문일까요? 그게 아니라면, 저는 어떤 상황에서 그가 하느님을 신뢰하는 것이 어려운지 구체적으로 알아보려 애씁니다. 그리고 그의 갈망을 묻습니다. 그는 어떻게, 어디에서 하느님을 신뢰할 수 있을까요? 둘이 함께 대화를 나누는 가운데 당사자는 자신 안에서 하느님을 신뢰할 만한 근거를 찾아낼 수 있습니다. 적어도 하느님을 신뢰한다는 것이 어떻게 드러날지 생각해 보게 될 것입니다.

이어서 하느님에 대한 신뢰에는 늘 불신도 따른다는 것을 놓고 대화를 나눌 수 있습니다. 불신과 의심은 하느님에 대한 우리의 신뢰가 더 깊어지도록, 우리가 피상적인 믿음에 안주하지 않도록 우리를 자극합니다. 하느님을 신뢰한다는 것은 실제로 무슨 뜻일까요? 간단하지 않습니다. 이따금 매우 어렵기도 합니다. 신뢰란 온갖 불신에 맞서 언제나 하느님 편에 서는 것, 하느님을 위해 결정을 내리는 것을 의미합니다. 프랑스 철학자 파스칼Pascal은 하느님을 신뢰하는 편이 유리하다는, 이른바 '파스칼의 내기'를 이야기합니다. 때로 우리는 하느님을 신뢰하는 편에 내기를 거는 것 외에 달리 방법이 없습니다. 시편으로 기도하는 것도 도움이 될 수 있습니다. 시편은 불신과 신뢰 사이를 오가며 갈피를 잡지 못하는 모습을 표현합니다. 기도하는 이는 그와 싸우는 적들, 그의 목숨을 빼앗으려 계교를 꾸미는 원수들을 떠올리지만, 이렇게 시련을 겪으며 두려워하는 가운데 기도합니다. "그러나 주님, 저는 당신을 신뢰하며 '당신은 저의 하느님!' 하고 아룁니다"(시편 31,15). 그는 신뢰 속에 들어가 기도하는 듯합니다. 그는 두려움도 알고 있습니다. "질겁한 나머지 제가 말씀드렸습니다. '저는 당신 눈앞에서 잘려 나갔습니다'"(시편 31,23). 그렇지만 자기 자신과 다른 사람들을 격려합니다. "주님께 희망을 두는 모든 이들아, 힘을 내어 마음을 굳세게 가져라"(시편 31,25).

놀랍게도 선한 힘에 감싸여

믿음에는 여러 측면이 있습니다. 첫째는 우리의 믿음 체계에 관한 측면입니다. 우리는 하나의 믿음 체계 안에서 성장했는데, 이는 교회의 가르침뿐만 아니라 우리 조상들이 지녔던 믿음을 통해서 형성되었습니다. 이러한 믿음의 전통 안에서, 우리는 어떤 확신을 얻을 수 있었습니다. 이 전통은 사람들이 항상 던져왔던 질문들의 답을 모아놓은 것으로, 우리가 삶의 도전들, 질병과 고통, 실망과 실패, 갈등과 불확실함, 그리고 외부와 내부에서 품는 기대들에 어떻게 대처할 수 있는지 우리에게 보여줍니다. 이러한 믿음은 우리가 생각하고 느끼는 것을 내면으로부터 표현합니다.

둘째 측면은, 믿음이 우리의 현실을 해석한다는 것입니다. 신앙인들은 자신들이 마주하는 모든 것을 믿음의 빛에서 봅니다. 이 믿음은 부모님과 선생님들에게서 전해 받았을 수도 있고, 또는 공부하고, 신앙 서적을 읽고, 깊이 성찰하며 스스로 정립했을 수도 있습니다. 그러나 이때, 이러한 믿음이 현실 세계에 진정 부합하는지 질문이 제기됩니다. 믿음은 궁극적이고 절대적인 확신이 아닙니다. 믿음은 궁극적이고 절대적인 안정을 제공하지도 않습니다. 의심 없이는 믿음이 없습니다. 그러나 의심 없이는 불신도 없습니다. 믿지 않는 이들이 현실 세계를 풀이하는 방식을 바라봅시다. 과연 그것이 믿음으로 세상을 해석하는 방식보다 현실에 더 부합할까요?

저에게는 다음과 같이 '믿지 않기로 선택'하는 방안을 깊이 생각해 보는 것이 도움이 되었습니다. "모든 것은 망상이다. 우리는 아무것도 알 수 없다." 이러한 선택을 깊이 생각하노라면, 내 안에서 깊은 확신이 생겨납니다. 믿음의 해석은 옳습니다. 이제 나는 결단을 내립니다. "나는 믿음이라는 카드를 내민다. 나는 믿기로 결정한다." 우리는 믿음을 결국 증명할 수는 없습니다. 그렇지만 믿는다는 것은 이성에 근거한 것입니다. 믿음이라는 카드를 내미는 것은 나의 이성에 어긋나지 않습니다. 그러나 항상 믿음 안으로 도약하는 것이 필요합니다. 그러려면 신뢰와 결정이 필요합니다.

믿음의 셋째 측면은 마음가짐, 내적 태도와 연관됩니다. 나는 누군가를 믿습니다. 믿음은 다른 사람을 신뢰하는 것입니다. 이러한 신뢰가 종국엔 우리 삶의 근본적 토대이신 하느님을 가리킬지라도, 여전히 많은 사람에게는 하느님을 신뢰하는 것이 어렵습니다. 그들에게 하느님은 너무 멀리 계신 것처럼 보입니다. 그렇지만 그들도 언젠가는 자신이 '떠받쳐졌음'을 느낄 것입니다. 개신교 신학자이자 목사인 디트리히 본회퍼Dietrich Bonhoeffer는 강제 수용소에서 처형되기 전에 쓴 시에서 우리를 받쳐 주는 '선한 힘'에 관해 이렇게 표현했습니다. "놀랍게도 선한 힘에 감싸여, 위로 속에 일어날 일 기대하네. 주님은 언제나 우리와 함께 계시니 하루하루가 새롭다네." 이 말은 하느님을 신뢰의 근원으로 인식하는 게 어려운 사람들에게도 적용될 수 있겠습니다. 본회퍼는 시에서 '선한 힘'을 하느님의 선한 힘으로, 우리를 동반하는 그분의 천사로 이해했습니다. 비록 어떤 사람들은 이 선한 힘을 인격신이라고 말하진 못해도, 무언가 지고한 힘으로 받쳐지는 것으로 이해할 것입니다.

"용기를 내어라. 나다"

마태오는 그가 쓴 복음서 14장에서 믿음과 불신, 두려움과 다시 찾은 신뢰에 관해 말합니다. 예수님 없이 제자들만 배를 타고 호수 건너편으로 가고 있었습니다. 그런데 도중에 배가 "맞바람이 불어 파도에 시달리고 있었습니다"(마태 14,24). 제자들이 파도와 싸우고 있을 때, 예수님이 호수 위를 걸어 그들에게 오셨습니다. 그분이 호수 위를 걸으시는 것을 보고 제자들은 "겁에 질려 '유령이다!' 하며 두려워 소리를 질러댔습니다"(마태 14,26). 예수님이 도와주려고 오신다는 사실에 기뻐하는 게 아니라, 오히려 두려워합니다. 그들은 예수님을 유령이라고 여깁니다. 자신들의 세계상 안으로 들여보낼 수 없는 그 무엇이 그들과 맞섭니다. 그것은 알지 못하는 것, 신비스러운 것, 낯선 것입니다.

이렇게 두려워하는 제자들에게 예수님이 말씀하십니

다. "용기를 내어라. 나다. 두려워하지 마라"(마태 14,27). 예수님이 제자들에게 "나다" 하신 말씀은 단지 '나는 유령이 아니다'라는 뜻이 아니라, '나는 너희가 알고 있는 사람, 얼마 전까지만 해도 너희 곁에 있던 사람이다'라는 뜻으로 하신 것입니다. 이에 해당하는 그리스어 '에고 에이미*ego eimi*'는 불타는 떨기 속에 나타나신 하느님께서 모세에게 하신 "나는 있는 나다"(탈출 3,14)라는 말씀을 연상시킵니다. 제자들은 유령을 만나는 게 아닙니다. 하느님을 만나는 것입니다. 하느님의 현존은 그들에게 두려움이 아니라 신뢰를 주어야 합니다. 하느님이 두려움을 일으키신다면, 그것은 예수 그리스도의 하느님이 아니라 우리가 품고 있는 무시무시한 하느님 상입니다. 예수님의 하느님은 온갖 위협적이고 무시무시한 것에 대한 두려움을 우리에게서 거두어 가시는 분으로서 우리를 마주하십니다. 복음사가들은 예수님을, 겁에 질린 사람들에게 늘 신뢰를 주시는 분으로 묘사합니다. 이는 예수님의 근본적 특징입니다. 그분은 사람들이 지닌 두려움을 없애주시고, 새로운 신뢰를 선물하십니다. 예수님은 우리를 지지해 주시는 하느님을 신뢰하고, 하느님께서 '좋은 것'으로 마련해 주신 우리의 삶을 신뢰하고, 하느님께 받은 우리의 고유한 능력을 신뢰하도록 이끌어주십니다.

이렇게 예수님이 베풀어주신 것에 사람들이 보이는 반응은, 이미 복음서에서도 다양하게 나타납니다. 이로부터 오늘날 우리는 무엇인가 배울 수 있습니다. 가령 베드로는 돌연 신뢰의 은총을 받았습니다. 예수님이 호수 위를 걸으시는 것을 보고, 그는 자기도 그렇게 할 수 있다고 믿었음에 틀림없습니다. 그래서 예수님께 말합니다. "주님, 주님이시거든 저더러 물 위를 걸어오라고 명령하십시오.' 예수님께서 '오너라' 하시자, 베드로가 배에서 내려 물 위를 걸어 예수님께 갔다. 그러나 거센 바람을 보고서는 그만 두려워졌다. 그래서 물에 빠져들기 시작하자, '주님, 저를 구해주십시오' 하고 소리를 질렀다. 예수님께서 곧 손을 내밀어 그를 붙잡으시고, '이 믿음이 약한 자야, 왜 의심하였느냐?' 하고 말씀하셨다"(마태 14,28-31). 베드로가 예수님을 바라보는 한, 그는 물 위를 걸어갈 수 있습니다. 그렇지만 거센 바람을 인지하고는 물에 빠지고 맙니다. 이 이야기는 우리가 어떻게 해야 두려움을 극복할 수 있는지 구체적으로 전해줍니다. 우리를 위협하는 문제들, 우리를 향해 부는 바람, 우리를 넘어뜨리는 거센 파도를 바라보는 한, 우리는 물에 빠지고 맙니다. 두려움이 나를 덮칠 때, 그 안으로 들어가면 안 됩니다. 두려움은 나를 어두운 심연 속으로 끌고 들어가기 때문입니다. 우리는 견고한 발판이 필요합니다. 이 이야기에서는 예수님을 바라보는 것이 바로 견고한 발판입니다. 두려움을 피해 달아나서도 안 됩니다. 나는 두려움을 인지해야 하지만, 그 안으로 들어가서는 안 됩니다. 두려워하는 중에도 두려움과 절망에 빠진 나를 받아주시는 분을 바라보아야 합니다. 예수님을 바라보아야만 물 위를 걸어갈 수 있습니다. 그분을 바라볼 때 우리는 발아래 디딜 게 없다는 것을 전혀 알아채지 못합니다.

오늘날 많은 사람에게 예수님은 너무 낯설고, 너무 멀리 떨어져 계십니다. 예수님을 바라보는 것이 그들에게는 두려움을 극복하는 길처럼 보이지 않습니다. 그들은 예수님 덕분에 두려움에서 벗어난 베드로를 부러워하면서도, 그들 자신은 두려움에 갇혀 있습니다. 예수님은 믿음을, 우리가 그 위에 설 수 있는 굳건한 토대라고 일컬으십니다. 믿음은 누구에게나 가능합니다. 믿는다는 것은 내가 그리스도교 교리 전체를 이해하고 받아들인다는 것을 의미하지 않습니다. 믿는다는 것은, 두려움 중에도 나를 두려움에서 해방해 주실 수 있는 분을 신뢰한다는 것을 의미합니다. 우리 모두는 내면에 누군가가 있음을 느낍니다. 정확히 말하자면, 나를 홀로 두지 않을, 내가 의지할 수 있는 누군가가 있음을 느낍니다. 마태오는 '물 위를 걸으시는 예수님 이야기'에서 우리를 이러한 믿음과 신뢰로 초대하고자 합니다. 이 이야기는 베드로처럼 우리도 예수님을, 하느님을 신뢰하고 싶은 갈망을 내면에서부터 불러일으킵니다. 동시에 우리는 베드로 안에서 우리 자신을 다시 발견합니다. 베드로 안에서 우리는 굳센 믿음에 대한 갈망과 함께 우리의 의심도 봅니다. 예수님은 베드로를 "믿음이 약한 자"라고 부르십니다. 믿음이 전혀 없는 사람은 아무도 없습니다. 그러나 우리의 믿음은 베드로의 믿음처럼 약할 때가 숱합니다. 우리는 믿음을 강하게 해줄 누군가가 필요합니다. 이 대목에서 관건은 믿음이냐, 불신이냐가 아닙니다. 약한 믿음이냐, 굳센 믿음이냐를 다루는 것입니다. 마태오가 복음서를 기술한 목적은 믿지 않는 이들을 회개시키기 위함이 아니라, 믿음이 약한 이들의 믿음을 강하게 해주기 위함입니다. 우리가 예수님에 의해서 믿음을 강화할 수 있다면, 그리고 삶의 풍랑 속에서 우리를 만나시는 예수님을 베드로와 함께 바라본다면, 우리도 물 위를 걸을 수 있을 것입니다. 그리고 물에 빠질까 두려워하지 않을 것입니다.

이 이야기에서 언급한 내용이 시편 69편에 구체적으로

묘사되어 있습니다. "하느님, 저를 구하소서. 목까지 물이 들어찼습니다. 깊은 수렁 속에 빠져 발 디딜 데가 없습니다. 물속 깊은 곳으로 빠져 물살이 저를 짓칩니다. 소리 지르느라 지치고 저의 목도 쉬었습니다. 저의 하느님을 고대하느라 제 두 눈마저 흐릿해졌습니다"(시편 69,2-4). 발아래 디딜 것이 없을까 두렵습니다. 내 삶이 수렁 속에 빠질까 두렵습니다.

시편 저자에게 '진창'이란 그의 원수입니다. 그래서 그는 주님을 크게 부릅니다. "진창에서 저를 구출하소서. 제가 빠져들지 않도록. 제 원수들에게서, 물속 깊은 데에서 제가 구출되게 하소서. 물살이 저를 짓치지 못하고 깊은 물이 저를 집어삼키지 못하며 심연이 저를 삼켜 그 입을 다물지 못하게 하소서"(시편 69,15-16). 시편 저자에게 하느님은, 그를 물살에서 구해내실 수 있는 분입니다. 시편 144편에서 동일한 표상이 적용됩니다. 시편 저자는 이렇게 청합니다. "높은 데에서 당신 손을 내뻗으시어 큰물에서, 이방인들의 손에서 저를 구하소서. 저를 구출하소서. 저들의 입은 거짓을 말합니다. 저들의 오른손은 간계의 오른손입니다"(시편 144,7-8). 여기서 거짓과 간계는 기도하는 이가 빠질 위험이 있는 물과 같습니다. 우리는 거짓을 말하는 자에게 맞서 싸울 수 없습니다. 이는 마치 물살에, 인간적 사악함과 타락이라는 심연에 빠지는 듯한 느낌입니다.

　마태오는 물에 빠지는 두려움을 분명 알고 있습니다. 그에게 예수님과의 만남은 이러한 두려움을 극복하는 효과적인 치료제입니다. 예수님은 겐네사렛 호수 위뿐만 아니라 죽음의 물도 건너셨으니까요. 그분은 부활하시면서 죽음의 물을 건너셨습니다. 부활하신 예수님은 죽음의 물 위를 걸으셨습니다. 믿음 안에서 그분을 따르는 사람은 죽음의 물을 두려워하지 않습니다. 그는 주님을 신뢰하며, 삶에서 직면하는 온갖 불확실한 것과 무너질 수 있는 것을 넘어 확신의 발걸음을 내딛습니다. 그는 삶의 소용돌이 속에서 죽음을 물리치신 분을 바라봅니다. 이는 삶의 물살 속에 빠질지도 모른다는 두려움을 거두어줍니다.

　그런데 이 믿음이 뭐라 규정할 수 없는 어두운 두려움에 시달리는 사람, 무의식의 흐름이라는 소용돌이에 빠져 있는 사람에게 실제로 도움이 될까요? 많은 사람에게 성경 말씀은 공허하고 의미가 없습니다. 그들의 두려움은 너무 커서 예수님을 바라보거나 성경 이야기를 묵상하는 것으로는 사라질 수 없습니다. 견고한 발판을 발견하기 위해서는 전문적인 치료를 받아야 할 때도 있습니다. 우리가 빠져 있는 소용돌이를 두려워하지 않는 치료사에게 우리는 의지할 수 있습니다. 힘든 상황에 직면했을 때, 통상 믿음만으로는 두려움에서 풀려날 수 없습니다. 그렇지만 우리가 어떤 치료나 영적 동반을 받으면서 우리의 두려움을 바라본다면, '물 위를 걸으시는 예수님 이야기'를 묵상하는 것이 하나의 도움이 될 수 있습니다. 이 이야기는 두려움 속에 홀로 있고 싶지 않은 우리의 간절한 갈망과, 두려움에 빠진 우리를 향해 오시는 예수님이 계심을 우리에게 말해줍니다. 우리가 두려움 중에도 이 예수님을 바라보려고 애쓴다면, 두려움이라는 진창에 빠져서도 붙잡을 것을 찾아낼 수 있을 것입니다. 때로는 작은 도움이 될 만한 수단도 많습니다. 이 발판을 생생하게 느끼기 위해 작은 십자가를 붙잡고 있는 것도 도움이 됩니다. 어떤 사람들은 홀로 있지 않다는 것을 확인하기 위해 손에 쥘 만한 작은 천사 모형을 지니고 있습니다. 이 모든 것은 두려움을 없애는 데 도움이 됩니다. 그러나 동시에, 이 모든 수단에도 불구하고 두려움이 내 안을 휘저어 놓으려는 소용돌이처럼 나를 덮칠 수 있음을 시인하는 겸손함이 필요합니다. 내 믿음은 너무 약하다며 자기를 비난하는 것은 의미 없는 일입니다. 모든 치료가 아무런 도움을 주지 못했다는 비난도 전혀 소용이 없습니다. 나는 이러한 위협적인 두려움과 화해해야 합니다. 그래야만 두려움 중에도 나를 단단히 묶을 수 있는 닻을 구할 수 있습니다. 누군가에게 이 닻은 예수님을 바라보는 것이고, 누군가에게는 이웃의 다정한 손길이며, 또 다른 누군가에게는 자기 자신을 느끼려는 시도가 될 수 있습니다. 지금 나의 손을 매만지고 느끼며, 나는 이 작은 공간이 두려움에 의해 장악될 수 없음을 확신합니다. 소용돌이 속이라도, 언제나 신뢰로 보호받는 작은 공간은 있습니다.

하느님으로부터 출발하기

우리는 신뢰의 표상을, 그 위에 발을 디딜 수 있는 견고한 것으로 연상합니다. 그러나 우리가 의지할 수 있는 절대적으로 굳건한 것은 없음을 인생 경험이 보여줍니다. 우리가 희망을 둔 것은 깨져버릴 때가 다반사입니다. 영성 작가인 헨리 나웬Henri Nouwen 신부는 언젠가 이렇게 말했습니다. "우리가 깨졌을 때, 바로 그것이 우리로 하여금 하느님을 위해 그리고 우리의 참된 자기를 위해 출발하게 한다." '출발하게 한다'는 것은 수동적입니다. 우리는 자발적으로 출발할 수 없습니다. 삶의 일부가 우리 안에서 깨어져야, 삶은 우리를 출발시킵니다. 그러나 우리가 하느님 안에 근원적 신뢰를 둘 때만, 우리를 출발시키는 깨어짐을 축복으로 체험할 수 있습니다. 이 근원적 신뢰는, 우리에게 궁극적인 해를 끼칠 만한 일은 없을 거라고 말해줍니다. 우리에게 안전함을 주는 것은 깨집니다. 그러나 낯선 사조에 맞서 우리를 지키고자 주위에 쌓아 올린 것 역시 무너집니다. 우리가 두른 갑옷을 벗어 던질 때, 우리 안의 그 무엇이 생동감 넘치게 됩니다.

하느님으로부터 출발하려면 신뢰가 필요합니다. 한편 출발을 통해 신뢰도 자랄 수 있습니다. 우리는 외적인 것에 기댈 수 없음을 자각합니다. 우리가 그 위에 인생의 집을 지을 수 있는 토대만이 우리를 지탱해 줍니다. 예수님은 반석 위에 집을 지으라고 말씀하십니다. 반석은 결국 예수님입니다. 우리가 반석 위에 집을 지었다면, 그 집은 쉽게 무너지지 않습니다. 그러나 환상이라는 모래 위에 집을 지었다면, 그 집은 무너지고 말 것입니다. 이 환상은 모든 이에게서 인정받고 사랑받고 싶다는 기대, 언제나 성공해야 한다는 기대에서 생깁니다. 우리의 환상이 깨질 때, 우리가 그 위에 집을 지으려던 모래는 사방으로 흩어져 날아갑니다. 이제 우리는 모래 아래 숨어 있는 바위를 파내고, 그 위에 집을 지을 수 있습니다. 환상이 깨지면 우리는 더 심오한 신뢰에, 하느님 안에 기반을 둔 신뢰에 마음을 열 수 있습니다.

가까이 계시는 하느님을 신뢰하라

우리가 잘 아는 속담이 있습니다. "시간이 약이다." 누군가가 사랑하는 사람을 잃었을 때 종종 이렇게 말하지요. 그러나 이는 실제로 위안이 되지 않습니다. 시간이 지날수록 체념이나 절망도 커질 수 있습니다. 슬픔 중에 있는 나에게 누군가가 "슬픔은 곧 지나갈 겁니다" 하고 말하는 것은 내게 도움이 되지 않습니다. 슬픔은 마음을 아프게 합니다. 나는 슬픔에서 벗어나는 길을 찾지 못합니다. 그런 상황에서, 믿음이 나를 위로해 줄 수 있습니다. 물론 믿음을 신속한 해결책으로 잘못 이해하면 안 됩니다. 믿음에도 불구하고 고통은 마음을 아프게 합니다. 그리고 믿음은 나의 고통에 즉시 답을 주지 않습니다. 믿음은 나의 고통을 사라지게 하지 않습니다. 그러나 믿음 안에서 나는 내가 곤경 속에 홀로 있지 않다고 느낍니다. 나는 하느님이 내 곁에 계심을 신뢰합니다. 물론 어떤 사람들은 이렇게 말합니다. "나는 슬픔에 빠졌을 때 하느님을 체험하지 못했다. 그분은 나를 홀로 내버려 두셨다." 이는 성급히 건너뛰어서는 안 되는 고통스러운 체험입니다. 내가 이 체험을 받아들일 때, 나는 고통 속으로 들어가, 그 모든 것에도 불구하고 내가 떠받쳐졌음을 믿을 수 있습니다. 이때 우리 그리스도인에게는 십자가에 달리신 예수님을, 처절한 외로움과 버림받음과 고난을 겪으신 그분을 바라보는 것이, 고통 중에도 그분으로부터 이해받았음을 아는 데 도움이 될 수 있습니다. 그분은 어두운 심연 속에서 고난을 겪으셨으니까요. 그리고 믿음은 내가 고통을 거치고 슬픔 속을 지난다 해도, 하느님의 사랑에서 떨어져 나가지 않으리라는 신뢰를 줍니다. 나는 고통이나 슬픔 중에도 그분의 사랑에 감싸여 있습니다.

희망은 나에게 중요한 위로가 되기도 합니다. 희망은 시간과 연관됩니다. 그리고 희망은 현재에 매여 있지 않으면서도, 현재를 거부하지 않습니다. 희망은 앞으로 모든 게 더 잘되리라는 것을 의미하지 않습니다. 희망은 특정한 상태에 대한 기대와는 다른 것입니다. 이 상태가 나의 상상대로 이루어지지 않으면 희망은 깨질 것이기 때문입니다.

'희망의 철학'을 독창적으로 전개한 프랑스 철학자 가브리엘 마르셀Gabriel Marcel에 따르면, 희망은 언제나 너를 위한, 그리고 나를 위한 것입니다. 희망하는 사람은 이렇게 말합니다. "나는 내 안에서 뭔가가 달라지기를, 그리고 내가 고통과 더 잘 교류할 수 있기를 바란다. 또한 너의 슬픔이 바뀌고, 네가 네 안에 있는 힘과 교류하기를 바란다." 희망은 기다릴 수 있습니다. 희망은 인내심을 지니고 있습니다. 상황이 안 좋고 일이 잘 풀리지 않는 사람들, '축 처진' 사람들이 우리 주변에 늘 있습니다. 희망은 그들이 이 위기를 통과해 가기를 바랍니다. 희망 안에서, 나는 상대방을 포기하지 않습니다. 나는 그가 자기 길을 발견하리라고 믿습니다. 그리고 그가 다시 자신의 힘을 만날 때까지 인내하면서 기다릴 수 있습니다.

바오로 사도는 희망과 인내를 연결합니다. "우리는 보이지 않는 것을 희망하기에 인내심을 가지고 기다립니다"(로마 8,25). 바오로 사도의 이 말에 희망의 다른 측면이 표현되어 있습니다. 희망은 보이지 않는 것과 항상 연관이 있습니다. 보이는 것을 희망하는 것은 희망이 아니라고 바오로는 말합니다(로마 8,24). 나는 아직 내 안의 고통이나 슬픔이 달라진 것을 보지 못합니다. 그러나 내 안에서 아직 볼 수 없고 느낄 수 없는 것을, 믿음을, 구원을, 내 안에 있는 내적 힘을, 내가 볼 수는 없지만 그럼에도 내 곁에 계시는 하느님을 희망합니다. 나는 다른 사람 안에서 펼쳐지는 선을 아직은 그 사람 안에서 보지 못합니다. 그의 위기만, 약한 면만 볼 뿐입니다. 그렇지만 나는 내가 아직 보지 못하는 것을 신뢰합니다. 내가 그렇게 믿는 가운데 다른 사람 안에 감춰져 있는 것이 자랍니다. 희망한다는 것은 보이지 않는 것을 중요시하고, 보이지 않는 것이 지금 내 눈에 보이는 것보다 더 강함을 신뢰하는 것을 의미합니다.

> 정의를 향한
> 갈망은
> 줄어들지 않네.
> 그러나 희망은 그렇지 않네.

유다인 출신의 시인 힐데 도민Hilde Domin이 어느 시에서 이렇게 표현했습니다. 체념하더라도 희망이 사라져서는 안 됩니다. "내가 가장 좋아하는 믿음은 희망이라고 하느님께서 말씀하신다." 프랑스 사상가이자 작가인 샤를 페기 Charles Péguy는 희망의 힘을 이렇게 놀랍게 표현했습니다.

내면 깊은 곳은 상처받지 않는다

우리는 모두 상처받을까 봐, 우리의 소유를 잃어버릴까 봐 두려워합니다. 예수님은 이러한 두려움을 주목하시면서 제자들에게 말씀하십니다. "육신은 죽여도 영혼은 죽이지 못하는 자들을 두려워하지 마라. 오히려 영혼도 육신도 지옥에서 멸망시키실 수 있는 분을 두려워하여라"(마태 10,28). 예수님은 상처받을 두려움에 대한 치료법으로 '영혼'을 언급하십니다. 여기서 영혼은 심리적·정신적 영역보다는(이는 오히려 몸에 속한다고 볼 수 있습니다) 인간의 내적 영역, 우리 내면의 신적인 것을 의미합니다. 하느님께서 우리 안에 머무시는 곳, 우리가 오롯이 우리 자신으로 있는 곳, 우리의 신적 불꽃이 있는 곳에서는 아무도 우리에게 상처를 줄 수 없습니다. 이는 위협적이고 거친 사람들과 우리를 이용할지도 모르는 사람들에 대한 두려움에서 우리를 벗어나게 해줍니다. 우리는 그들이 오직 우리의 몸만 해할 수 있다는 것을 압니다. 우리 안에 있는 가장 깊은 곳은 다칠 수 없습니다. 차가운 시선도, 상처 주는 말도 그 안으로 들어올 수 없습니다. 우리 안의 그곳에는 하느님이 머무십니다. 그리고 우리에게 이롭게 작용하시는 하느님의 그 가까우심은, 우리가 직면하는 위험한 상황에서 우리의 중심부를 지켜줍니다.

영혼은 다칠 수 없음을 안다고 해서 두려움이 단순히 사라지지는 않습니다. 신체적·영적 상처를 받을 때, 우리 몸과 마음은 함께 두려움으로 반응하기 때문입니다. 누군가가 우리에게 크게 소리 지르면, 두려움이 우리의 목을 졸라맵니다. 누군가가 세게 때리면 몹시 아픕니다. 그러나 이제 두려움은 '상대화'됩니다. 우리의 내면 깊은 곳은 흔들리지 않습니다. 우리 몸만 건드려진 것입니다. 예수님은 "너는 두려워할 필요가 없다. 두려움은 이미 사라졌다. 하느님께서 이미 너를 도와주셨다"와 같은 깊이 없는 말로 우리를 위로해 주지 않으십니다. 오히려 그분은 두려움을 옮겨 놓으십니다. 우리는 육신을 죽이는 사람들을 두려워하지 말고, 영혼과 육신을 지옥에서 멸망시키실 수 있는 분을 두려워해야 합니다. 하느님에 대한 두려움은 사람들에 대한 두려움에서 우리를 해방시킵니다. 우리가 하느님을 두려워하는 가운데, 위협적인 몸짓으로 우리에게 겁을 주려는 사람들을 두려워하던 마음이 바뀝니다.

하지만 이는 하느님을 두려워한다는 뜻이 아닙니다. 하느님을 두려워한다는 것은 오히려 그분을 진지하게 받아들인다는 뜻입니다. 유감스럽게도 많은 복음 선포자가 이 말씀의 뜻을 잘못 이해했습니다. 따라서 그들은 사람들이 하느님을 두려워하게 하고, 지옥에 갈지도 모른다는 두려움을 갖게 설교했습니다. 예수님이 강조하시는 것은 하느님이나 지옥에 대한 두려움이 아닙니다. 다만, 우리가 하느님을 진지하게 받아들이는 것, 그리고 우리 삶이 깨질 수도 있음을 진지하게 받아들이는 것을 그분은 중요하다고 보십니다. 내가 내 삶의 최종적 결과를 바라보는 가운데 적대적인 사람들에 대한 두려움이 상대화됩니다. 그들은 아무리 해도 내 삶을 파괴할 수 없습니다. 최악의 경우에, 그들은 내 몸을 죽일 수 있을 겁니다. 그러나 내 영혼은 죽일 수 없습니다. 상처받을까 두려워하는 중에도 하느님을 바라볼 때 나의 두려움이 바뀔 수 있습니다. 두려움은 간단히 사라지지 않습니다. 그러나 두려움은 나에게 하느님을 가리켜 보입니다. 나는 하느님께 속해 있습니다. 사람들에게 속해 있는 게 아닙니다. 나 자신 안에 신적인 것, 파괴될 수 없는 것이 있음을 내 영혼 깊은 곳에서 알 수 있습니다. 사람들은 외적인 것만 다치게 할 수 있습니다. 하느님께 속하는 가장 내적인 곳은 다치게 할 수 없습니다. 그곳에서 나는 온전히 있습니다. 두려움도 그곳에 들어올 수 없습니다.

신뢰,
우리 영혼과 평화 이루기

예수님은 하느님을 우리에게 자애롭게 다가오시는 분으로 보여주십니다. 하느님께서 우리를 찾아오셨습니다. 우리가 자기 자신을 잃고 자신에게 낯설어졌기 때문입니다. 하느님은 당신의 빛을 우리 위에 비추시어 우리가 평화의 길로 나아가게 하셨습니다. 예수님 안에서 우리에게 나타나시어, 두려움에서 벗어나게 하시는 하느님에게는 세 가지 특성이 있습니다. 자비와 빛과 평화입니다. 하느님은 자비하시고, 당신의 빛을 비추십니다. 그리고 우리에게 평화를 선사하시어 당신의 사랑이 우리 안에 스며들게 하십니다.

우리는 하느님의 자비를 배워야 합니다. 그래야 끊임없이 자기를 판단하지 않고, 자신에게 분노하지 않으며, 자신과 자애롭게 교류할 수 있습니다. 스스로를 가혹하게 대하는 것은, 자기가 좋은 사람이 아닐까 봐 드는 두려움에서 비롯됩니다. 자비는 우리 자신과 평화를 이루는 길입니다. 하느님의 자비를 우리 자신에게 가하는 온갖 비난 속으로 들여보내면, 본인이 올바른 사람이 아닐까 봐 드는 두려움이 가라앉을 것입니다. 예수 그리스도 안에서 빛나는 하느님의 빛은 차가운 빛이 아니라 자애로운 빛입니다. 이 빛은 우리의 두려움이라는 어두운 심연 속으로 스며들고자 합니다. 이 빛은 우리 안의 어둠을 밝혀주려 합니다. 우리가 무의식의 깊은 곳을 자애로운 눈으로 바라보고, 우리 안에 있는 모든 것과 평화를 이룰 수 있기를 원합니다.

예수님은 평화에 이르는 길을 우리에게 알려주셨습니다. 우리는 우리 영혼과 싸우는 대신, 평화를 이뤄야 합니다. 우리는 두려움과 평화를 이뤄야 합니다. 그러면 두려움이 우리의 친구가 됩니다. 예수님은 만 명의 병력을 거느린 임금에 관한 비유(루카 14,31-32)에서 이러한 연관성을 설명하십니다. 우리가 만 명의 병력으로, 우리의 의지, 우리의 기준, 우리의 이성으로 이만 명의 병력을 갖춘 두려움과 맞서 싸우면 힘이 소진되고 맙니다. 우리가 두려움에 맞서 싸우느라 에너지가 점점 소모될수록, 두려움이 펼치는 대응 세력은 점점 더 커집니다. 두려움은 우리의 에너지를 몽땅 쏟아부으라며 우리를 압박할 것입니다. 두려움이 마음속으로 스며들지 못하게 방어벽을 쌓으려면 모든 에너지를 소모할 수밖에 없습니다. 이렇게 방어벽을 쌓으려고 비축해 놓은 에너지는 우리가 살아가는 데 사용될 수 없습니다. 우리는 우리 자신을 느낄 수 없습니다. 우리가 쌓는 방어벽은 우리를 마음과도 분리시킵니다. 예수님은 우리의 두려움과 평화를 이루도록, 두려움을 친구로 만들도록 우리를 초대하십니다. 그렇게 되면, 두려움 속에 숨어 있는 힘은 우리 것입니다. 두려움은 우리가 가는 길에 동반자가 될 것입니다. 두려움은 우리를 얽매임에서 드넓음으로 인도할 것입니다. 예수님의 비유 말씀은 이런 가르침을 줍니다. 우리가 원수를 친구로 만들면 우리 땅은 확장됩니다. 이제 우리는 만 명이 아니라 삼십만 병력을 거느릴 수 있습니다. 그러므로 우리는 싸우느라 힘을 소모하는 대신, 더 큰 힘을 지니게 됩니다. 두려움이 지닌 이만 병력은 우리 땅을 일구고 가꾸는 데 도움을 줄 것입니다. 이제 우리 삶은 더 풍요롭고 다채로워집니다. 어떤 사람들에게는 두려움과 평화를 이루는 것이 겁이 납니다. 그들은 두려움을 제압해야 한다고 여깁니다. 그렇지만 우리가 두려움과 평화를 이뤄야 비로소 두려움이 친구가 되어, 우리에게 자유롭고 더 적극적인 삶을 선사해 줄 것입니다.

우리는 하느님의 사랑 안에 있다

많은 사람이 버림받거나 홀로 내버려질까 두려워하며 힘들어합니다. 이에 어떻게 대처해야 할까요? 이 질문에 예수님은 놀라운 비유를 들어 대답하십니다. "참새 두 마리가 한 닢에 팔리지 않느냐? 그러나 그 가운데 한 마리도 너희 아버지의 허락 없이는 땅에 떨어지지 않는다. 그분께서는 너희의 머리카락까지 다 세어두셨다. 그러니 두려워하지 마라. 너희는 수많은 참새보다 더 귀하다"(마태 10,29-31). 하느님께서는 보잘것없는 참새들도 이미 그렇게 보살피시거늘, 하물며 우리 인간은 얼마나 더 많이 돌보시겠느냐는 말씀입니다. 우리는 하느님의 손안에 있습니다. 그분은 우리를 알고 계십니다. 하느님은 우리의 머리카락까지 다 세어두셨을 만큼 우리를 훤히 아십니다. 이 비유로 예수님은, 하느님이 우리를 얼마나 많이 아시는지, 그리고 우리는 그분께 얼마나 소중한 존재인지 보여주시고자 합니다. 하느님은 우리를 돌보십니다. 그분은 우리를 당신의 사랑으로 감싸고 보살피십니다. 하느님은 우리가 안길 수 있는 다정한 엄마 같습니다. 하느님은 우리가 기댈 수 있는 든든한 아빠 같습니다. 그리고 하느님은 우리를 잘 알고 계신 아버지이십니다. 그분의 사랑을 아는 것은 우리에게 견고한 발판과 안정감을 줍니다.

예수님은 여기서 우리에게 두 가지 방법을 제시하십니다. 첫째 방법은 자존감을 드높이는 것입니다. 나는 소중한 사람입니다. 하느님께서 나를 지으셨으니까요. 하느님께서 나의 머리카락까지 다 세어두셨을 정도로 나는 소중한 사람입니다. 자신의 가치 체험은 홀로 방치될지도 모른다는 두려움에서 우리를 벗어나게 합니다. 내가 소중한 존재임을 알 때, 나는 내 곁에 머물게 되고 나를 참아낼 수 있습니다. 이제 나는 자신을 신뢰합니다. 나는 내 곁에 머뭅니다. 나는 나 자신을 돕습니다. 나는 내 안에서 소중한 사람입니다. 엄마에게로 달아나는 어린아이처럼 스스로를 작게 만들어서는 안 됩니다. 나는 하느님께서 나에게 선사하신 무한한 가치에 감사할 수 있습니다.

예수님이 알려주시는 둘째 방법은 하느님께서 나를 돌

보신다는 것과 관련됩니다. 하느님은 나를 감싸주십니다. 그분은 나를 홀로 두지 않으십니다. 많은 사람에게 이 사실은 위로가 되지 않습니다. 그들은 눈앞이 캄캄하거나 위협당한다고 느낄 때, 사람에게서 피난처를 찾기 때문입니다. 그렇지만 우리의 경험은, 사람에게 의지하여 두려움을 낮추려 하면 할수록 오히려 실망할 가능성도 커진다는 것을 알려줍니다. 잠시 우리를 도와주고 동반해 주는 사람들은 늘 있습니다. 그들은 우리의 두려움을 일부 완화해 줄 수 있습니다. 하지만 우리에게서 두려움을 완전히 없애줄 수는 없습니다. 하느님을 신뢰하는 것과 사람들에게로 향하는 것은 모순되지 않습니다. 하느님이 나를 돌보신다는 것, 나는 홀로 방치되지 않았다는 것을 믿으면, 나는 더 큰 신뢰로 사람들에게 다가가며 그들의 도움을 청할 수 있습니다. 하느님을 신뢰하면서, 나는 버림받은 게 아니라 보살핌과 사랑을 받는다는 체험을 합니다. 그러한 근원적 신뢰는 사람들을 더 많이 신뢰할 수 있게 합니다. 다른 사람과 거리를 둘 때마다, 내가 거부당하거나 버림받았다고 느끼지 않기 때문입니다. 그리고 사람들이 나의 두려움을 해소해 주기를 기대하거나 요구하지도 않을 것입니다. 사람들은 나에게서 등을 돌리지 않고, 내 편에 서서 나를 도와줄 수 있습니다. 그러나 두려움을 실제로 없애는 것은, 나 자신이 하느님의 도우심으로 거쳐야 하는 내적 과정입니다. 내 마음 깊은 곳에서 두려움을 거두어주실 수 있는 분은 결국 하느님이십니다. 이러한 깊은 두려움이 가라앉으면, 필요할 때 사람들에게 자유로이 다가갈 수 있습니다. 그리고 그들이 나에게 주는 것에 감사할 수 있습니다. 그들이 나에게 모든 것을 줄 수는 없더라도 말입니다.

두려움에서 벗어나기

'즈카르야의 노래'(베네딕투스)에서 루카는, 예수 그리스도를 통한 우리 구원의 신비를 두려움에서 풀려나는 것으로 기술합니다. "(이는) 원수들 손에서 구원된 우리가 두려움 없이 한평생 당신 앞에서 거룩하고 의롭게 당신을 섬기도록 해주시려는 것입니다"(루카 1,74-75). 그리스어 성경은 여기에서 '아포보스*Aphobos*'라는 단어를 사용하는데, 이는 '두려움 없음'을 뜻합니다. 예수 그리스도 안에서, 하느님은 우리가 두려움에서 풀려나게 해주셨습니다. 두려움에서 풀려나는 것은 원수들 손에서 풀려나는 것과 연관이 있습니다. 결국, 우리를 두렵게 하는 것은 우리 영혼의 원수들입니다. 영혼의 원수들이란 우리의 병든 삶의 모습, 우리가 시달리는 강박관념, 우리의 약함과 잘못을 가리킵니다. 성경 용어로 표현하면, 하느님께서 우리에게 만들어주신 본래의 순수한 모습을 지니지 못하게 하는 사탄들입니다. 심리학은 영혼의 원수들을 다른 방식으로 일컫는데, 현실을 잘못 해석하는 것이나 비뚤어진 사고 체계를 영혼의 원수들이라 여깁니다. 비뚤어진 사고 체계는 현실을 편파적으로 인지하고, 현실에서 불안하거나 걱정스러운 것만 보게 합니다.

예수님은 이러한 영혼의 원수들과 파괴적인 사고 체계, 현실을 잘못 해석하는 방식에서 우리를 어떻게 해방해 주실까요? 우리는 이러한 두려움에서의 해방을 어떻게 이해하고 체험할 수 있을까요?

루카가 이해하듯이, 저도 위에 인용된 문장 안에 구원의 신비에 관한 근본이 표현되어 있다고 봅니다. 그리스 사람인 루카는 두려움을 괴롭힘으로, 자유롭고 올곧은 사람에게 해를 끼치고 그를 제약하는 것으로 체험했습니다. 이런 까닭에 그에게 구원은, 죄를 용서받는 것이 아니라 오히려 두려움에서 풀려나고 두려움을 극복하는 것에서 이루어집니다. 종교철학자 오이겐 비저Eugen Biser는 그리스도교를 "두려움을 극복하게 하는 종교"라고 일컬었습니다. 이런 맥락에서 예수님의 본질은, 사람들의 두려움을 실제로 덜어주시는 것으로 표현됩니다. 그분은 사람들에게 이렇게 말씀하십니다. "너희는 죄지을까 두려워할 필요가 없다. 그리고 너희가 나쁜 사람이고 주도적으로 살 수 없다는 생각을 은연중에 너희에게 불어넣는 내적 원수들을 두려워할 필요가 없다." 예수님은 사람들을 사탄의 세력으로부터 자유롭게 하십니다. 그분은 두려움으로 등이 굽은 여자를 일으키시면서 그녀가 지닌 본래의 아름다움과 품위를 되찾아 주십니다. 그러자 그 여자는 똑바로 일어서고 자기에게 놀라운 일을 이루어주신 하느님을 찬양합니다(루카 13,10-17). 예수님은 두려움에 눌린 사람들을 일으켜 주시고, 그들에게 본래의 빛을 비추시어, 그들의 영혼이 빛나게 하십니다. 그분은 눈먼 이들의 눈을 뜨게 해주십니다. 그들이 현실 세계를 올바르게 인지하고, 두려움에서 풀려나 이 세상을 똑바로 보게 하시려는 것입니다. 예수님은 그렇게 행동하심으로써 두려움은 세상을 잘못 해석하여 생겨나는 것이고, 우리가 하느님이 창조하신 세상을 바라볼 때 두려움을 가장 잘 극복해 낼 수 있음을 분명히 알려주십니다.

근심을 주님께 맡겨라

바라거나 계획한 대로 굴러가는 삶은 없습니다. 아무리 수고하고 애쓰더라도, 우리는 모든 것을 주도할 수 없다는 것을 거듭거듭 경험합니다. 살다 보면, 문제들이 우리를 억압하는 것처럼 보이고 온갖 노력에도 불구하고 해결책은 보이지 않는 단계를 거치게 됩니다. 어느 시대나 다 그랬습니다. 우리 삶은 일회적입니다. 한 번뿐입니다. 성경도 이에 관해 말하며, 어떻게 대처할 수 있는지 조언을 해줍니다. "네 근심을 주님께 맡겨라. 그분께서 너를 붙들어 주시리라"(시편 55,23). 시편 저자는 우리가 근심에 싸여 있다고 생각합니다. 그러나 그는 이러한 현실에 절망하지 않습니다. 그리고 근심 주변을 맴돌지 말라고 권고합니다. 우리는 근심을 주님께 맡겨 드려야 합니다. 이는 아름다운 표상입니다. 우리는 근심을 단순히 없애거나 던져버릴 게 아니라, 하느님께 맡겨 드려야 합니다. 글자 그대로 근심을 하느님께 던져야 합니다. 독일어로 '던지다wefen'라는 동사에는 '공격하다'와 '해방하다'라는 뜻이 있습니다. 나는 돌멩이를 물속으로 힘껏 던지면서 더 자유로워졌음을 느낍니다. 시편 저자가 말하듯, 나는 나의 근심을 바라보고, 이어서 그것을 하느님께 던져야(맡겨야) 합니다. 그렇게 던짐으로써 나는 바로 설 수 있습니다. 하느님께서 나를 똑바로 붙들어 주십니다. 나는 새롭게 설 수 있습니다. 근심하는 사람은 편안히 서 있을 수 없습니다. 그는 늘 불안스레 이리저리 돌아다닙니다. 서 있더라도 주변을 툭툭 칩니다. 근심을 내려놓아야 똑바로 설 수 있고, 자신 편에 설 수 있으며, 무언가를 견뎌낼 수 있습니다.

우리가 탄식할 때 무엇이 도와주랴?

1657년에 게오르크 노이마르크Georg Neumark는 유명한 노래의 가사를 쓰고 곡을 붙였습니다. 이 노래는 오늘날에도 즐겨 불리는데, 시대를 뛰어넘어 가사와 멜로디에서 자신을 다시 발견할 수 있기 때문입니다. 노래 제목은 <오직 사랑하는 하느님의 섭리에 의탁하는 이>이고, 2절은 이렇게 시작합니다. "우리가 근심할 때 무엇이 도와주랴? 우리가 탄식할 때 무엇이 도와주랴? 우리가 아침마다 불행에 한탄할 때 무엇이 도와주랴?" 근심을 가라앉히는 치료제로 시인은 우리에게 이렇게 권고합니다. "노래하라, 기도하라, 하느님의 길을 가라. 너의 일을 성실히 행하라!" 근심으로 자신을 괴롭히는 대신, 오늘 나에게 주어진 일을 해야 합니다. 그리고 매일 기도하고, 하느님을 노래로 찬미해야 합니다. 그러면 근심이 늘어나지 않을 것이라고, 게오르크 노이마르크는 권고합니다. 그의 노래가 널리 불리게 된 이유는, 많은 사람이 그 안에서 인생 경험을 돌아보며 자신을 재발견하기 때문일 것입니다. 한편 사람들은 이와 비슷한 조언을 하는 오래된 그리스도교적 삶의 규칙을 따를 수도 있습니다. 베네딕토 성인이 주창한 "기도하고 일하라"라는 모토가 그중 하나입니다. 이것 역시 큰 근심을 누그러뜨리는 하나의 치료제입니다. 침착하고도 적극적으로 활동하면서도 자신을 편안히 내맡기는 것, 이는 근심에서 더욱 벗어나 진실한 삶을 사는 바람직한 수단입니다.

참새들이 지저귀게 하라

오늘날 많은 젊은이가 전망이 없다며 힘들어합니다. 이는 심리적인 결과로도 나타납니다. 우울증이 젊은이들에게서 점점 더 늘고 있습니다. 돈 보스코(성 요한 보스코 사제)는 카리스마 넘치는 사목자이자 19세기 토리노Turin에 있는 '문제아들'의 친구였습니다. 그의 사회적 양심과 공감 능력, 특히 낙천적인 그의 인생관은 청소년들을 끌어당겼습니다. 돈 보스코는 어려움을 겪는 청소년들의 교육자로서 강제적인 수단을 사용하지 않았습니다. 그는 사랑과 신뢰를 중요시했습니다. 또한 '걱정 없음'에 관한 예수님의 말씀을 이해했습니다. 예수님은 참새들의 신뢰를 가르쳐주십니다. 새들은 단순히 노래하며 하느님께서 그들을 먹여주신다는 것을 신뢰합니다. 이를 바탕으로 돈 보스코는 조언합니다. "나뭇가지가 부러져도 노래하기를 멈추지 않는 새처럼 행동하라. 새는 자기에게 날개가 있음을 알기에 노래를 멈추지 않는다." 현실적 태도로 바닥에 발을 딛는 것은 중요합니다. 그러나 때로는 우리에게도 새의 경쾌함 같은 것이 필요합니다. 새는 자기가 앉아 있는 나뭇가지가 부러져도 멈추지 않고 계속 노래합니다. 새처럼 우리 영혼도 날개를 가지고 있습니다. 영혼은 우리가 일상의 문제들을 극복하도록 도와줄 수 있습니다. 영혼은 우리에게 날개를 달아 주고, 모든 것을 다른 관점에서 바라보도록 도와줍니다. 그러면 우리의 걱정거리들이 상대화됩니다. 우리가 서 있는 땅이 흔들릴지도 모른다는 두려움 속에서도, 우리는 우리 영혼과 더불어 하늘을 바라봅니다. 그곳에서 두려움은 더 이상 우리에게 다가오지 못합니다. 돈 보스코는 이렇게 조언합니다. "기뻐하라. 그리고 참새들이 지저귀게 하라!"

두려움의 하느님은 없다

어떤 사람이 여행을 떠나면서 종들을 불러 재산을 맡깁니다. 그는 한 사람에게는 다섯 탈렌트, 다른 사람에게는 두 탈렌트, 또 다른 사람에게는 한 탈렌트를 줍니다. 앞의 두 사람은 가서 그 돈을 활용하여 더 법니다. 그렇지만 셋째 사람은 가서 땅을 파고 그 돈을 숨깁니다. 그는 자기가 받은 돈을 바라보지 않고, 두 동료를 바라봅니다. 그러면서 자신이 무시당했으며, 자기에게는 그 적은 돈을 활용할 기회가 전혀 없었다고 생각합니다. 열등감은 두려움을 낳습니다. 우리에게 생명과 능력을 주신 하느님을 바라보는 것만이 우리를 이러한 두려움에서 벗어나게 해줄 수 있습니다. 우리는 각자에게 주어진 능력을 입증할 수 있습니다. 그렇지만 자신을 남들과 비교하는 순간, 능력을 떳떳하게 내놓지 못합니다. 셋째 종은 자기가 받은 탈렌트를 땅에 숨깁니다. 자기에게 맡겨진 돈을 잃을까 두렵기 때문입니다. 그러나 이로써 그는 대단히 큰 잘못을 범합니다. 여행에서 돌아온 주인에게 나아가, 그는 그동안 숨겨 두었던 돈을 내밀며 이렇게 설명합니다. "주인님, 저는 주인님께서 모진 분이시어서, 심지 않은 데에서 거두시고 뿌리지 않은 데에서 모으신다는 것을 알고 있었습니다. 그래서 두려운 나머지 물러가서 주인님의 탈렌트를 땅에 숨겨 두었습니다. 보십시오, 주인님의 것을 도로 받으십시오"(마태 25,24-25). 셋째 종은 자신의 행동에 대한 평가가 두려워서 자기가 받은 돈을 숨긴 것입니다. 이런 방식으로 그는 아무것도 잃지 않을 수 있었습니다. 이 비유에서는, 종들이 주어진 돈을 활용하다가 모두 잃었을 때 주인의 반응을 언급하지 않습니다. 칭찬을 받는 것은 그들이 돈을 잘 활용해서가 아니라, 주인을 신뢰하며 주인이 맡긴 돈을 창의적으로 다루려 했기 때문입니다. 위험을 무릅써야만 돈이 불어날 수 있습니다. 그렇지만 위험은 내가 돈을 잃을 수도 있다는 것도 의미합니다. 셋째 종은 돈을 잃으려 하지 않습니다. 그에게 일차적으로 중요한 것은, 주인 앞에 흠 없이 완전한 모습으로 서는 것입니다. 종교적·실존적 상황에 적용해 본다면, 그는 뭔가를 잘못해서 하느님에게 유죄 판결을 받진 않을까 두려워합니다. 거부가 두려워서 차라리 아무것도 하지 않습니다. 그렇지만 그러한 두려움은 우리를 결국 빈손으로 하느님 앞에 서게 합니다. 우리는 아무것도 입증해 보일 수 없습니다.

셋째 종은 하느님 안에서 모진 주인을 봅니다. 하느님이 모지시니, 그도 자신을 모질게 대합니다. 자아상과 하느님 상은 닮았습니다. 하느님의 모지심은 종 안에서, 자신에 대한 모진 태도뿐만 아니라 공격성도 낳습니다. 그가 주인에게 돈을 돌려주면서 한 말("보십시오, 주인님의 것을 도로 받으십시오")에서 우리는 하느님을 향한 공격성을 감지합니다. 뿐만 아니라 자신에 대한 공격성도 느껴집니다. 셋째 종은 자신을 가혹하게 대했습니다. 자기에게 아무것도 허락하지 않았습니다. 그는 땅을 파고 주인의 돈을 숨겼습니다. 예수님은 탈렌트를 더 창의적으로 활용하기를 기대하셨습니다. 심리학적으로 풀이하자면, 그 종은 자기 삶과 다정하게 교류하지 못했습니다. 그는 자신의 삶을 땅에 묻어 버렸습니다. 따라서 그 종 안에서는 아무것도 피어날 수 없습니다. 그는 성장이 멈췄습니다. 스스로 삶을 가로막습니다. 그렇습니다, 그는 삶을 포기합니다. 자신을 향한 공격성과 모지신 하느님을 향한 공격성은 스스로 삶을 가로막게 합니다.

이 대목을 읽은 많은 사람이 셋째 종에 대한 주인의 거친 반응에 화를 냅니다. "그러자 주인이 그에게 대답하였다. '이 악하고 게으른 종아! 내가 심지 않은 데에서 거두고 뿌리지 않은 데에서 모으는 줄로 알고 있었다는 말이냐? 그렇다면 내 돈을 대금업자들에게 맡겼어야지. 그리하였으면 내가 돌아왔을 때에 내 돈에 이자를 붙여 돌려받았을 것이다. 저자에게서 그 한 탈렌트를 빼앗아 열 탈렌트를 가진 이에게 주어라. 누구든지 가진 자는 더 받아 넉넉해지고, 가진 것이 없는 자는 가진 것마저 빼앗길 것이다. 그리고 저 쓸모없는 종은 바깥 어둠 속으로 내던져 버려라. 거기에서 그는 울며 이를 갈 것이다'"(마태 25,26-30). 예수님은 여기서 셋째 종이 지닌 두려움의 결과를 말씀하십니다. 이러한 두려움에 갇혀 사는 사람은 결국 빈손으로 서게 됩니다. 그가 두려움에 차서 땅에 묻은 것은 결국 본인에게 돌아갑니다. 그가 이러한 두려움에서 만들어낸 하느님 상을 붙잡고 있으면, 그의 삶은 바깥 어둠 속에 있게 됩니다. 그의 삶에는 더 이상 아무 빛도 비치지 않고 기쁨도 없습니다. 그의 삶은 울음과 이를 가는 것으로 변해갑니다. 이는 글자 그대로 이해되어야 합니다. 하느님 앞에서 자신의 모든 감정과 생각, 열정과 행동을 통제하려는 사람은 자기가 억압하려 했던 모든 것에 눌려 밤마다 고통당하게 됩니다. 그런 사람은 꿈속에서 이를 갈면서 억눌린 것을 몰아내려고 몸부림칩니다. 그러면서 자신이 두려움에 만들어낸 하느님 상을 점점 구체적으로 받아들일지도 모릅니다.

심리 치료사이자 신학자인 오이겐 드레버만Eugen Drewermann은 예수님의 주요 관심사를 이렇게 봅니다. "우리는 자신의 인생관을 고수하며, 하느님 앞에서 두려움을 거두지 않는다. 그래서 그분(예수님)은 하느님을 두려워하게 하는 말씀으로 인해 하느님을 더 이상 두려워해서는 안 된다고 우리에게 이르신다. 초원에서 번져가는 불을 막기 위해 맞불을 피우듯이, 참으로 절망적인 논리의 문제이다." 예수님은 이렇게 두려움의 최종적 결과를 기술하시면서 두려움을 몰아내십니다.

물론 '탈렌트의 비유'는 하느님에 대한 두려움을 없애는 이상적인 해결책을 내놓지 않습니다. 두려움이 너무 강하게 억압하는 상황에서는, 두려움을 바라보며 그 세력을 빼앗기 위해 거리를 두어야 합니다. 그러나 이 비유는 적어도 두려움을 없앨 수 있는 방향을 제시합니다. 지속되는 두려움에 지배당하지 않도록, 예수님께서는 두려움을 버리라고 초대하십니다. 예수님이 이 비유를 설명하신 이유를 드레버만은 이렇게 설명합니다. "정점에 이를 때까지 두려움을 쫓아내기 위해서다. 두려움은 의미가 없다는 것이 거기서 명백해지고, 그래야만 이 악순환이 멈출 수 있다."

신뢰의 길만이 예수님이 선포하신 하느님께로 우리를 인도합니다.

7장

영혼의 집에서
평화 느끼기

고요를 찾아라

150년 전, 덴마크의 종교철학자 쇠렌 키르케고르Søren Kierkegaard는 점점 커져가는 세상의 소음이 병을 일으킨다고 기술했습니다. 자기가 의사였다면 치료제로 '침묵'을 처방했을 것이라고 생각했지요. 지금 우리가 살고 있는 세상은 점점 더 고요를 찾기 어렵고, 점점 더 평온을 잃고 있습니다. 우리에게는 이러한 치료제가 더욱 절실히 필요합니다. 그래야만 자기 자신에 이를 수 있기 때문입니다. 우리가 침묵하고 외부의 부정적인 영향에 흔들리지 않아야 자신에 이르게 됩니다. 자기 자신이 되려면, 자신의 곁에 오롯이 있으려면 고요가 필요합니다. 그래야만 인간다운 삶을 살 수 있습니다.

그러나 우리는 대체로 고요를 찾지 않습니다. 고요를 찾느냐 마느냐는 바로 우리 자신에게 달렸습니다. 고요,

침묵의 체험은 우리가 사는 세상에서 당연하게 할 수 있는 게 아닙니다. 고요를 찾고 체험하려면 본인도 그에 합당한 무언가를 해야 합니다. 침묵 체험은 여러 조건에 묶여 있습니다. 고요해지기 위한 첫째 조건은 서 있는 것입니다. 고요는 서는 것에서 옵니다. 나는 똑바로 서서 움직이지 않습니다. 나는 서 있습니다. 서 있을 때 허기가 내 안에서 모습을 드러냅니다. 허기는 삶에 필요한 무언가를 가리킵니다. 배고픈 아이는 허기를 달래줄 엄마가 필요합니다. 고요는 영혼의 양식입니다. 그러나 우리는 내적 허기를 느끼고 싶어 하지 않기에, 좀처럼 멈추지 않습니다. 우리는 언제나 자신에게서 달아납니다. 서 있으려면, 멈춰 서려면, 자신의 부족함을 마주하려면 용기가 필요합니다. 이러한 용기를 내는 것은 보람 있는 일입니다. 우리는 내적으로 침묵하며, 자기 자신과 교류합니다. 우리는 자신을 느끼고, 또한 자신 안에서 허기를 느낍니다. 그러나 그것은 먹거나 마시는 것으로 달랠 수 있는 허기가 아닙니다. 오히려 이때 우리 안에서 깊은 갈망이 생겨납니다. 이 갈망은 단순한 허기가 아닙니다. 오스트리아 작가이자 의사인 아르투어 슈니츨러Arthur Schnitzler는 이렇게 말합니다. "갈망은 우리 영혼을 살찌운다. 갈망은 충족되지 않는다." 그러므로 우리 영혼은 침묵 속에서 충만해지고 만족을 얻습니다. 그러나 이는 외부적 영향이 아니라 우리의 갈망이 이룬 것입니다. 갈망은 우리 안에 있는 거룩한 것입니다. 갈망은 우리 영혼의 내적 풍요와 교류하게끔 해줍니다.

고요는 영혼만이 아니라 몸에도 유익합니다. 고요한 가운데 우리는 심신을 회복할 수 있습니다. 또한 고요는 다른 작용도 합니다. 고요는 정화 작용을 하고, 투명하게 합니다. 우리의 감정은 다른 사람들의 감정과 늘 혼재되어 있어, 내적으로 오염되었다고 느낄 때가 많습니다. 이럴 때 고요의 목욕이 필요합니다.

고요한 가운데 나는 나의 본모습을 마주합니다. 이 만남이 늘 유쾌한 건 아닙니다. 나 자신을 평가하기를 멈춰야 이 만남을 견딜 수 있습니다. 내 안에 있는 것을 단순히 인지할 때, 그것을 허용하고 그것과 화해할 수 있습니다.

그렇지만 나는 고요 속에서 뭔가 다른 것도 바라볼 수 있습니다. 나는 하느님 사랑의 빛 속에서 내면의 것을 유지합니다. 나는 굳이 그것을 견디어낼 필요가 없습니다. 나는 단지 하느님의 빛 안에서 바라봅니다. 이 빛 안에서, 내면의 것들은 다르게 보입니다. 그것은 하느님의 사랑에 에워싸여 있습니다. 그것은 그대로 있어도 됩니다. 그러나 하느님의 사랑을 통해, 그리고 내가 다정한 눈빛으로 바라보기에, 그것은 달라지고 위협적인 면을 잃습니다. 그것은 그대로 있어도 됩니다. 다만 나에게 더 이상 힘을 행사하지 못합니다. 나를 조건 없이 받아들이시는 하느님과 만나며, 나는 고요를 견딜 수 있습니다. 내가 스스로와 가혹하게 맞선다면, 나는 거기서 달아나 버리고 말 것입니다. 그러면 고요를 견디는 게 힘들 것입니다.

고요 속에서 하게 되는 체험들이 있습니다. 이따금 나는, 하느님이 나를 바라보신다는 느낌이 듭니다. 그분의 눈 아래 나는 있는 그대로의 나로 있어도 됩니다. 때로는 하느님이 맞은편에 계신 분으로 느껴지지 않습니다. 나는 고요 속에서 나 자신과 하나가 됩니다. 이렇게 하나가 된 가운데 존재하는 모든 것과, 창조 세계와, 사람들과 하나 됨을 느낍니다. 그리고 모든 존재의 근원이신 하느님과 하나 됨을 느낍니다. 이렇게 하나가 되는 체험을 하는 가운데 시간이 멈춰 섭니다. 행복한 순간입니다. 고요 속에서, 이 심오한 순간을 맞이할 수 있습니다.

나는 고요를 만들어낼 필요가 없습니다. 고요는 이미 와 있습니다. 사람들로 붐비는 거리를 벗어나 호젓한 숲길을 걸을 때 고요가 나를 에워쌉니다. 나는 고요를 인지해야 합니다. 그러면 고요가 나를 에워싸며 치유하고, 내 영혼도 침묵하게 할 것입니다. 고요는 외부에만 있는 게 아닙니다. 고요는 내 안에도 있습니다. 신비가들은 우리 안에 하느님이 거주하시는 고요한 공간이 있다고 확신했습니다. 우리는 고요를 만들어낼 필요가 없습니다. 고요는 우리 안에 있습니다.

그러나 우리는 고요와 단절되어 있을 때가 많습니다. 그러므로 외적으로 침묵하며 자신 안에서 고요한 공간을 발견하고 거기로 들어가는 것이 좋습니다. 기대와 요구, 비판과 평가를 품고서는 이 고요한 공간으로 들어갈 수 없습니다. 이곳에서는 아무도 나를 다치게 할 수 없습니다. 나의 생각과 감정, 두려움과 불안, 걱정, 자기 비하와 자기비판도 이 고요한 공간으로 들어갈 수 없습니다.

의식儀式은 우리를 보호해 준다

영혼의 평화, 내적 균형, 그리고 나 자신과 조화를 이루는 것은 누구나 추구하는 바람직한 목표입니다. 그러나 이는 내가 내 안에 있는 모든 것을 제대로 다스릴 때 가능합니다. 의식을 거행하는 것은 내 영혼에 질서를 세울 수 있는 방법 중 하나입니다.

의식을 거행하며, 나는 내적으로 멈춰 섭니다. 의식은 언제나 명확한 그 무엇을 보여줍니다. 나는 뭔가를 손에 쥐고, 초에 불을 붙이며, 어떤 몸짓을 취하고, 책을 읽기 위해 자리에 앉습니다. 또는 한동안 침묵하고, 묵상합니다. 의식은 시간이 나에게 속한다고 느끼게 합니다. 아침에 거행하는 의식은 그날 하루에 다른 인상을 남깁니다. 나는 시간이 지우는 무거운 짐이 아닌 시간의 신비를 감지합니다. 시간이 나를 덮치고 나를 규정하는 게 아니라, 내가 시간을 이끌어 갑니다. 내가 시간을 주도해야 나를 잠식하는 시대의 요구에서 빠져나올 수 있습니다.

의식을 거행하는 시간에 나는 오롯이 내 옆에 있고, 또 오롯이 하느님 곁에 있습니다. 의식을 거행하는 장소는 금기시된 공간, 보호받는 공간입니다. 기대를 안고서는 그곳으로 들어갈 수 없습니다. 의식은 내가 살아지는 게 아니라 주도적으로 산다는 느낌을 선사합니다. 의식을 거행하는 데에는 시간이 많이 필요하지 않습니다. 그러나 의식은 시간이 흐르는 동안 지지대 역할을 합니다. 의식이 거행되는 동안에는 시간이 멈춰 서고, 시간의 효용성도 뒤로 물러납니다.

나는 나에게 의식을 허용합니다.

나는 나 자신과 교류합니다.

나는 깊이 숨 쉴 수 있습니다.

자아를 내려놓아라

누구나 자기가 되어가는 과정에서 제 십자가를 져야 합니다. 융은 십자가를 지는 것을 "완전함을 가리키는 상징"이라 말하며, 이렇게도 표현합니다. "자신의 완전함을 추구하는 사람이면 누구나, 그것(완전함)은 십자가 짐을 의미한다는 것을 정확히 안다"(C. G. Jung, *Gesammelte Werke*, Band II, Zürich 1963, 195).

이에 비추어 볼 때, 자신의 십자가를 진다는 것은 하나의 실존적 과제입니다. 이와 관련해 루카는 다음과 같이 말하면서 그 의미를 더 확대합니다. "누구든지 내 뒤를 따라오려면, 자신을 버리고 날마다 제 십자가를 지고 나를 따라야 한다. 정녕 자기 목숨을 구하려는 사람은 목숨을 잃을 것이고, 나 때문에 자기 목숨을 잃는 그 사람은 목숨을 구할 것이다. 사람이 온 세상을 얻고도 자기 자신을 잃거나 해치게 되면 무슨 소용이 있느냐?"(루카 9,23-25). 복음사가는 십자가 지는 것을 매일 일어나는 일이자 일상적인 과제로 이해합니다. 날마다 무언가 나의 길을 가로막습니다. 내가 미처 상상하지 못한 어떤 일이 날마다 나에게 일어납니다. 나는 그것을 받아들여야 합니다. 루카는 십자가 지는 것을 자기 부정과 연결합니다. 이 문장에 나오는 그리스어 '아르네사스토 헤아우톤(*arnesasto heauton*: 자신을 버리는 것)'의 본래 의미는 자기 자신에게 "아니요"라고 말하는 것, 모든 것을 움켜쥐고 소유하려는 자아의 성향에 맞서는 것입니다. 예수님의 이 말씀은 종종 잘못 이해되었습니다. 어떤 사람들은 이 말씀을 자기 비하나 자기 굴종으로 해석했습니다. 그렇지만 이 말씀은 결국 내적 자유로 가는 길입니다. 자아Ego는 모든 것을 독차지하려는 성향을 지니고 있습니다. 자아는 항상 자기 주변을 맴돕니다. "그것이 나에게 무엇을 가져다줄까? 나는 그것으로부터 무엇을 얻을 수 있을까?" 자아는 하느님께도 이러한 태도를 취합니다. 그러한 태도로 하느님마저 독점하려 합니다. "하느님은 나에게 무엇을 가져다주실까? 나는 하느님으로부터 어떤 유익을 얻을 수 있을까?" 이로써 우리는 자아를 절대시합니다. 우리가 자아를 절대시하면 할수록 자아에 대한 두려움은 점점 더 커집니다. 이러한 자아와 거리를 두는 것, 이러한 자아를 놓아버리는 것이 자유로 가는 길이며, 예수님의 말씀을 따르는 길입니다. 내가 두려워하는 자아는 전혀 중요하지 않습니다. 그러나 자아 아래에는 파괴할 수 없는 그 무엇이 있습니다.

루카와 마찬가지로 마태오도 우리는 목숨을 구하며, 이를 얻으려 한다고 말합니다. 두 복음사가가 지적하는 것은 이렇습니다. 우리는 목숨조차 우리에게 달려 있다고 생각하거나, 우리에게 주어진 것을 잃지 않기 위해 목숨에 달라붙어 있어야 한다고 생각한다는 것입니다. 그러나 건강한 생활 방식을 지녔다고 해서, 우리의 신체적·정신적 생명을 영원히 유지할 수는 없습니다. 어떠한 대가를 치르더라도 생기를 유지하길 바라는 사람은 그것을 잃게 됩니다. 그는 위축되고 굳어집니다. 이는 실제적 삶과 반대됩니다. 건강에 집착하는 사람은 종종 병이 납니다. 삶에 대한 두려움을 내려놓고 단순히 삶에 자신을 내맡겨야만 잘 살 수 있습니다.

먼저 중요한 것은, 나의 소망과 욕구에 매달려 있는 애착을 놓아버리는 것입니다. 그래야 내 안에서 더 심오한 근원을 발견할 수 있습니다. 성공과 인정, 건강과 힘은 궁극적인(결정적인) 것이 아님을 분명히 해야 합니다. 이런 것들로는 나의 존재를 규정할 수 없습니다. 나에게는 더 심오한 근원이 필요합니다. 이 근원은 결국 하느님이십니다. 위의 말씀에서 예수님은 하느님이 아니라 당신 자신에 관해 이야기하십니다. 성경은 우리가 예수님 때문에 목숨을 잃어야 한다고 말합니다. "예수님 때문에"라는 말은 그분의 메시지가 나에게 너무나 중요하므로, 나는 더 이상 두려움에 차서 나 자신과 나의 안녕 주변을 맴돌지 않겠다는 뜻입니다. 또는 내가 그분에게 너무나 매료되었기에, 그분은 내 주변을 맴도는 불안에서 나를 자유롭게 해주신다는 의미입니다. 나는 이 예수님을 따르고, 그런 가운데 실제적 삶을 살게 됩니다. 그러나 "예수님 때문에"라는 말은 다른 것도 의미할 수 있습니다. 융에게 예수님은 나자렛 출신의 역사적 인물일 뿐만 아니라, 참된 자기의 표상이기도 합니다. 그렇다면 예수님을 따른다는 것은, 내가 나의 내적 목소리를 따른다는 뜻이기도 합니다. 침묵하는 가운데 내 안에서 들리는 말에 귀를 기울이는 순간, 옳은 것은 무엇인지 나에게 정확히 말해주는 낮은 목소리를 듣게 됩니다. 이 내적 목소리는, 나의 삶 주변을 맴도는 것에서 벗어나라고 나를 꾀어냅니다. 이 목소리는 온갖 외적인 것을 놓아버리라고 나를 초대합니다. 내가 내 영혼의 내적 풍요함을 발견할 수 있게 하려는 것입니다. 그것이 실제적 삶입니다. 내가 내적 근원에 스며들어야만 내 삶에 대한 두려움을 극복할 수 있습니다. 그 근원에서 나는 생기를 느낄 것입니다. 내가 병이 들거나 실패하더라도 말입니다. 내가 이 내적 근원과 접촉하면, 더 이상 나 자신과 내 삶에 달라붙어 있지 않게 됩니다. 이제 나는 내려놓을 수 있습니다. 이렇게 내려놓을 때 진정한 생기를 얻고 자유로운 삶을 살 수 있습니다.

감사하라

다비드 슈타인들-라스트(David Steindl-Rast, 오스트리아 출신의 미국 베네딕토회 회원이자 영성 작가: 옮긴이)는 이렇게 말합니다. "모든 감사는 신뢰를 표현하는 한 가지 방법이다. 모든 불신은 선물을 선물이 아닌 것으로 인식하도록 이끈다. 미끼, 뇌물 매수, 덫은 없다는 것을 누가 입증할 수 있겠는가? 감사는 신뢰할 용기를 주고, 따라서 두려움을 극복하게 한다." 감사하는 사람은 어떠한 상황에서도 선물을 바라보는 안목이 있다고 슈타인들-라스트는 말합니다. 감사하는 사람은 최악의 상황에서조차 늘 함께 주어진 기회를 인식합니다. 그리고 이 기회를 붙잡습니다. 감사할 때 모든 것은 우리에게 기쁨이 됩니다. 그렇지 않으면, 삶 속에는 아무것도 없을 것입니다. 슈타인들-라스트가 말하는 것은 옳습니다. 누군가가 나에게 선물하는 것, 하느님께서 나에게 날마다 선물하시는 것을 감사하는 마음으로 받아들일 때, 나는 나 자신과 그리고 세상과 조화를 이루게 됩니다. 그렇게 되면, 내 삶은 새롭고 은은한 향기를 낼 것입니다.

저에게 감사란 제 삶을 받아들이는 것, 지금의 저와 조화를 이루는 것을 의미합니다. 그리고 깊은 내적 평화를 지각하는 것을 의미합니다. 모든 것은 있는 그대로 좋습니다. 동시에 이러한 감사는 겸손의 태도로도 표현됩니다. 저는 제가 이룬 것을 조금도 자랑할 수 없다는 것을 압니다. 그것은 다른 방식으로 흘러갈 수도 있었을 겁니다. 하느님께서는 제가 견딜 수 있을 만큼만 어둠과 혼란을 겪게 하셨습니다. 그분은 저의 한계를 넘어서는 것은 결코 요구하거나 시험하지 않으셨습니다. 그러므로 감사는 제가 교만하지 않도록 막아주고, 어떤 성과나 능력을 자랑하지 않도록 지켜줍니다. 저는 모든 것이 선물임을, 하느님의 선물이고 저에게 감사하는 마음을 갖게 한 사람들의 선물임을 압니다. 저는 그들에게서 삶을 신뢰하는 법과 모든 것 안에서 하느님을 바라보는 법을 배웠습니다.

참고 문헌

다른 책들의 출처는 본문에 명기되어 있으며, 아래 기술된 저자의 책들은 저자가 이 책에서 일부 참고하거나 발췌한 것들이다.

Verwandle deine Angst

Lass die Sorgen. Sei in Einklang

Kleines Buch vom guten Leben

Buch der Lebenskunst

Buch der Antworten

Bleib deinen Träumen auf der Spur

50 Helfer in der Not

Zur inneren Balance finden

Im Zeitmaß der Mönche

옮긴이의 말

대인 관계의 측면에서만 보더라도 신뢰는 우리 삶에서 매우 중요한 요소입니다. 더러는 사람들과의 신뢰를 최우선으로 여기기도 합니다. 신뢰가 한번 무너진 관계는 지속하기가 어려우니까요.

이 책에서 저자는 신뢰를 세 가지 유형으로, 즉 자기 자신에 대한 신뢰, 다른 사람들에 대한 신뢰, 하느님에 대한 신뢰로 분류하여 다룹니다. 먼저 나 자신을 신뢰해야 다른 사람들을 신뢰할 수 있고, 이 둘은 더 심오한 근원이신 하느님에 대한 신뢰에 바탕을 두고 있다고 저자는 말합니다. 그렇습니다, 내가 하느님께 받아들여진다는 것을 알 때 나 자신을 받아들이고 내 편에 설 수 있습니다. 그런 가운데 자기 신뢰가 생겨나고, 그래야 이 신뢰가 다른 사람들에게로 향할 수 있을 것입니다.

나아가 저자는 신뢰를 두려움, 관계, 불신, 의심, 믿음, 희망, 사랑 등 여러 소주제와 결부시켜 심도 있게 조명합니다. 특히 1장에서는 성경에 등장하는 신뢰의 본보기들(아브라함, 모세, 마리아, 요셉, 베드로, 바오로)을 감명 깊게 묘사하고 유용한 지침도 제시합니다. 이 성경 인물들을 통해서 어떻게 하느님을 신뢰하고 그분을 따를 수 있는지, 어떻게 해야 신뢰를 키울 수 있는지 우리 자신과 연결 지으면서 성찰하고 배울 수 있습니다. 또한 저자는 이 책의 많은 대목에서 성경을 바탕으로 신뢰라는 주제를 상세히 풀어 내면서 우리의 시야를 크게 넓혀 줍니다. 신뢰와 관련하여 예수님이 사람들과 교류하시는 모습도 새롭게 다가오면서 큰 울림을 줍니다.

이렇게 저자는 성경적 관점과 영적 전통, 성인들의 삶을 비롯해 심리학적·신학적·철학적·문학적 관점 등 여러 각도에서 이 주제를 폭넓게 다루고, 자신이 일군 영성과 풍성한 체험, 영적 동반을 통해서 얻은 경험들, 다양한 사례를 들면서 단순하면서도 쉬운 문체로 내용을 알차게 또 흥

미롭게 펼칩니다. 동시에 많은 영적 자극과 함께 방향을 제시하고 구체적으로 연습하도록 이끌어줍니다.

이 책을 지침서 삼아 어떻게 해야 나를 신뢰하고 다른 사람들을 신뢰하고 하느님을 신뢰할 수 있는지, 신뢰를 토대로 어떻게 두려움과 불안, 걱정을 극복할 수 있는지 알고 배울 수 있습니다. 또한 우리 삶에서 소중한 가치이자 소통의 열쇠가 되는 신뢰의 중요성을 환기하고, 신뢰를 키우고 강화하면서 영적 성장도 도모할 수 있을 것입니다. 이 책과 더불어 우리 자신을 성찰하는 삶, 신뢰가 깃든 풍요로운 삶을 살도록 애쓰면 좋겠습니다.

신뢰라는 중요한 주제로 참 좋은 글을 쓴 저자에게 감사드리며, 이 책을 우리말로 옮기도록 맡겨 준 '성서와함께' 출판사와 이 책이 출간되기까지 애쓴 분들에게도 감사 인사를 전합니다.

2023년 초여름

황미하

신뢰, 우리 삶의 소중한 가치

서울대교구 인가	2023년 3월 10일
초판 1쇄 펴낸날	2023년 8월 7일
2쇄 펴낸날	2024년 1월 10일
지은이	안셀름 그륀
옮긴이	황미하
펴낸이	나현오
펴낸곳	성서와함께
	06910 서울특별시 동작구 흑석로13길 7
	Tel: (02) 822-0125~7/ Fax: (02) 822-0128
	http://www.withbible.com
	e-mail: order@withbible.com
등록번호	14-44(1987년 11월 25일)

ⓒ 성서와함께 2023
성경 ⓒ 한국천주교중앙협의회, 2023.

ISBN 978-89-7635-419-8 93230